郑福田 著

中国古代思想家赞述

中华书局

图书在版编目（CIP）数据

中国古代思想家赞述 ／ 郑福田著． —— 北京 ： 中华书局，2016.5
ISBN 978-7-101-11660-1

Ⅰ．中… Ⅱ．郑… Ⅲ．韵文－作品集－中国－当代 Ⅳ．I227

中国版本图书馆CIP数据核字(2016)第067636号

书　　名	中国古代思想家赞述	
著　　者	郑福田	
责任编辑	朱振华　　李晓燕	
装帧设计	许丽娟	
出版发行	中华书局	
	（北京市丰台区太平桥西里38号 100073）	
	http://www.zhbc.com.cn	
	E-mail:zhbc@zhbc.com.cn	
印　　刷	北京瑞古冠中印刷厂	
版　　次	2016年5月北京第1版	
	2016年5月北京第1次印刷	
规　　格	开本710×1000毫米　1/16	
	印张16¾　字数165千字	
印　　数	1-5000册	
国际书号	ISBN 978-7-101-11660-1	
定　　价	46.00元	

东方的智慧

赵丽宏

　　郑福田先生的新著《中国古代思想家赞述》，是一本值得向当代中国人推荐的书。因为，这不是一本简单的中国古代思想家群英谱，而是一部别具一格的中国古代哲学史。

　　中国的哲学，源远流长，早在三千多年前，已产生洞察天地人世的奇思妙想。到春秋战国时期，出现了哲学的大繁荣，思想界群英荟萃，百家争鸣，涌现出一大批独具个性的哲学家。他们对宇宙天地的诘问和遐想，对人间万象的观察和思考，对过往历史的回顾和反思，对人类未来走向的展望，都达到了前所未有的深度和高度。那些简洁有力的文字，诗一般阐述深邃的哲思，让人叹为观止。他们之间，有辩论，有互证，有融合，任何一种独创的思想，都可以发出自己与众不同的声音。这种思想界群星灿烂的盛景，是人类文明史中的一个伟大奇观。那个时代的中国思想家，已经抵达人类智慧的峰巅，时隔数千年，依然让人仰望叹息。人类的所有哲学命题，在那个时代，似乎都已经被提出，而且得到了极具个性的艺术化诠释。从春秋战国时代开始，中国的哲学如一条波澜壮阔的大河，汹涌而曲折地奔流了两千多年，沿途风光激滟，不时有奇峰突起，风景让人眼花缭乱。这条大河奔流的轨迹，是人类思想史中辉煌耀眼的一脉。

中国的古代哲学，是一个内容驳杂的巨大库藏。不同时代涌现的思想家，多如繁星，与此相关的论述和典籍浩如烟海，其中难免鱼龙混杂，泥沙俱下。同一人物，在不同时代会有完全不同的评价。孔子在中国历史上的跌宕之命运，便是一例。很多思想家，出现时如闪电横空，如惊雷醒世，到后世却历尽沉浮，甚至被湮没。他们的命运尽显世态的诡谲和时光的无情。然而真金和美玉，终不会被埋没。郑福田构思《中国古代思想家赞述》，其实是对中国古代哲学史作了一次全面的梳理，他选出其中的代表人物，用精湛古朴的文字，真心礼赞。他最初的设想，就是写一组赞赋，讴歌先贤。如果仅止于此，这本书的意义，大概就是一本古代哲学家的群英谱，经书法家抄录，印成册页，可成为今人向先哲致敬的艺术品。然而郑福田没有到此为止，这一组赞赋，成为这本书的提纲挈领，他以此为据，洋洋洒洒地写来，在每一位思想者的赞赋之后，写出一篇篇专题文章，描述这些思想者的观点、性格和历史地位，并揭示了他们之间互相影响、传承和创新的关系。书中赞美的五十三位中国古代思想家，从春秋战国的儒家创始人孔子，到清代唯物主义思想家戴震，跨越贯穿了两千三百年历史。这本书中的文字，是诗性和理性的融汇，是古典和现代的结合。古雅的赞赋，加上思路清晰、内容翔实的释解，由点及面，深入浅出，成就了一部体例独特的中国古代思想史。

读这本《中国古代思想家赞述》，让我联想起罗素的《西方的智慧》。罗素是20世纪影响巨大的英国哲学家，他曾写成篇幅浩繁的《西方哲学史》，然而曲高和寡，读者寥寥。罗素不甘心，认为如此丰富多彩的西方哲学，更应该让大众了解，所以又用文采斐然的笔调，写成一本篇幅较短、可读性极强的西方哲学史随笔，就是后来风靡天下的《西方的智慧》。有趣的是，罗素写《西方的智慧》的过程，是从繁而简，而郑福田写《中国古代思想家赞述》，却是由简而繁，从一组诗化的赞赋，衍生发展成一部中国古代思想史。郑福田的这本书，也可以称之为《东方的智慧》。

郑福田是我的好朋友，我和他十多年前相识于北京。他来自内蒙古，是学养深厚的古典文学教授。他曾不止一次对我说：

"我是一个农家的孩子。"他生在内蒙古，在农村度过童年。我读过他记叙少年耕读生活的文字，写得情真意挚，生趣盎然。他从小便选择做一个读书人，在灰暗喧嚣的年代，历尽艰辛，从浩瀚的书海中感受中华文化的魅力，并找到了自己的人生和事业之路。他的成长和成功，也是这个时代的一个奇迹。我从他写的旧体诗词和文赋中认识了他的学养和才华。他能随心所欲驾驭古文，写诗作赋，谈人生，论时事，说历史。他的文字古雅，却神采飞动，灵气飘逸，绝不陈旧古板，抒写的是一个现代知识分子的见解和感情。

　　福田嘱我为他的《中国古代思想家赞述》作序，使我有机会先睹为快，也使我更加深了对老朋友的了解和钦敬。这本书，是他多年专研中国古代哲学的成果，是他深厚文化积蓄的一次喷发，又一次展现了他对中国传统文化的卓越见解和情怀。能为这样一本优秀的中国古代思想史读本写引言，实在是我的荣幸。

丙申二月初九于四步斋

目　录

孔子赞第一

三绝韦编，删诗读易。游艺依仁，多能鄙事。

博文约礼，据德图治。论语温温，国之重器。

师表位育，无与伦比。七十二贤，允称上驷。

吾华文明，真儒之懿。岱岳同高，日星齐瑞。

孔子（前551—前479），名丘，字仲尼。鲁国陬邑人，春秋后期思想家、教育家，儒家创始人。

儒家思想是中国封建社会的正统思想，孔子是儒家的开山祖师，其学守宗法，厚人伦，尚礼治，重学行，崇尊文献，关乎现实人事，博大精深，沾溉吾华，为功深巨。

章学诚说："自有天地而至唐、虞、夏、商，迹既多，而穷变通久之理亦大备。周公以天纵生知之圣，而适当积古留传，道法大备之时，是以经纶制作，集千古之大成。"（《文史通义》卷二）周公集周以前文献之大成，制礼作乐；孔子崇尊周公，珍爱护持文献，崇尚礼乐之教。这对于中华文明来说，是有绝大关系之重要事件。孔子一生孜孜于此，于其读《易》删《诗》，可见鳞爪。

"韦编三绝"是布在人口的勤学故事。《史记》载："孔子晚而喜《易》，序《彖》、《系》、《象》、《说卦》、《文言》。读《易》，韦编三绝。"韦者，熟牛皮也。古代用竹片写书，用皮条编缀成册。三者，言其多也。绝者，断也。

孔子"删《诗》"，是学术史上的著名公案。《史记》称《诗经》原有三千余篇，经孔子删定，取可施于礼义教化者，起《周南》，至《商颂》，存三百零五篇。"删《诗》"之说，唐前无异议，然由唐至清，一直有争论。近世学人，持说折中：言孔子"删《诗》"虽未必，若言《诗》之整理、修订、保存、流传，则孔子与有力焉。而孔子于学术史之一大功业，即是对当时文献的编定与整理。

"志于道，据于德，依于仁，游于艺。"这出自《论语·述而》

的十二字，依钱穆说，实已包括孔学全体。然而，若言为学，则当逆此顺序梯次以行：曰游于艺，曰依于仁，曰据于德，曰志于道。盖如程子所言"君子教人有序，先传以小者近者，而后教以大者远者"（《二程集·河南程氏遗书》）。而这梯次，合知行，齐教养，重人事，充分体现了孔子的学术特征。

游于艺，游的对象在当时指六艺。孔子崇周公，周公之学在六艺，即所谓"六艺周公之典章"，于是孔子重六艺，遍习礼、乐、射、御、书、数，并以六艺教人，是真游于艺者。游的对象，推而广之，则是事与物，是艺术技能。孔子博学泛游，所谓"大哉孔子，博学而无所成名"（《论语·子罕》）。

依于仁，依的对象是人与事，是人际伦常、事物情理。孔子一生事业，端在修己治人。而作为统摄的，则是所谓的一以贯之之道。这道又分两项：一中庸，是形式；一仁，是内容。有言此道为忠恕者，其实也即仁而已。孟子曰："仁，人心也。"据此以推，仁道，人道也。然则依于仁，即是学于仁，即是学人道。郑玄认为，仁是"相人偶"，则"依于仁"以为学，就是依于人与人相处之道以为学，亦即依于相人偶之道以为学。原本孔子之学，非仅习艺读书，日用常行之一切实践活动皆在范围之内。有点读书是学习，使用也是学习的意思。子夏所言之"贤贤易色，事父母能竭其力，事君能致其身，与朋友交，言而有信。虽曰未学，吾必谓之学矣"（《论语·学而》），可以作为佐证。而"子以四教，文、行、忠、信"（《论语·述而》），则倡明主文主行，两不偏废之旨。以此观《论语》所言"三人行，必有吾师焉，择其善者而从之，其不善者而改之"，则即于人而学为人之意甚明。

若连起来看，则游艺依仁之学，实为一事。若以相互支撑为言，则两者相得益彰、互为进境之助力甚明。人能游于艺，依于仁，自然多能。"太宰问于子贡：'夫子圣者与？何其多能也！'子贡曰：'固天纵之将圣，又多能也。'子闻之，曰：'太宰知我乎！吾少也贱，故多能鄙事。君子多乎哉？不多也。'"（《论语·子罕》）以此见孔子之博学多能，固是紧密联系实际者，固是既可坐而言，亦可起而行者。决非脱离舍弃人生诸般实务，仅可束之高阁，不能实行的空洞学问。

"博文约礼"出自《论语·子罕》："颜渊喟然叹曰：'仰之弥高，钻之弥坚，瞻之在前，忽焉在后。夫子循循然善诱人，博我以文，约我以礼，欲罢不能。既竭吾才，如有所立卓尔。虽欲从之，末由也已。'"要其层次，仍未出游艺依仁的范围。若无博文约礼、游艺依仁，孔子亦无以为教。虽然，必继此精进，贵乎反己，然后方可与言据德志道。

据于德，据的对象是一己之内在心性德行，是在游于艺、依于仁的基础上层递而达之境界，是强调在性情上用功。"子曰：'古之学者为己，今之学者为人。'"（《论语·宪问》）"君子之学也，入乎耳，著乎心，布乎四体，形乎动静……一可以为法则。小人之学，入乎耳，出乎口，口耳之间则四寸耳，曷足以美七尺之躯哉！古之学者为己，今之学者为人。君子之学也，以美其身。小人之学也，以为禽犊"（《荀子·劝学》）。学知为己，则对象明层次深而其理得矣。若善反诸己且由此深思自得，便可期集其大成，而集大成，则可期见道，可期志于道，也便可期于"君子上达"了。

《论语》是记载孔子言行的典籍，言辞温婉，立意正大，是儒家最有价值之著作。"七十子之畴，会集夫子所言，以为《论语》。《论语》者，五经之锟鎯，六艺之喉衿也"（赵岐《〈孟子〉题辞》）。宋代赵普对太宗说："臣有《论语》一部，以半部佐太祖定天下，以半部佐陛下致太平。"此语在当时，应无夸张成分。《论语》确为文化瑰宝，家国重器。

昔唐子西尝于一邮亭梁间见一联云："天不生仲尼，万古长如夜"，不知作者为谁。朱子引入《语类》。此联之于孔子，褒扬诚有过甚处。然而，孔子是万世师表，《论语》有位育之德，在中国文化史上确实无与伦比。至其培植道德，作育贤才，循循善诱，诲人不倦，自在人心深处。而门下弟子，俱为上驷之选。想象当时，曾子舍瑟，言浴言咏，一片清新，宜乎夫子动容，吾与点也。中华文明薪火相传，很大程度上基于孔子与先哲们之伟识懿德，谓之与岱岳同高，与日星齐瑞，丝毫也不为过。

老子赞第二

乃生楚苦，志与鸥盟。乃修道德，自隐无名。

乃守藏室，玄想横生。乃乘青牛，五千论行。

或挹孔子，丘则心倾。或言形上，有物混成。

或察宇宙，一二三荣。博大真人，抱朴无争。

老子，姓李，名耳，字聃。楚国苦县（今河南鹿邑东）人。春秋时期的哲学家，道家学派的创始人。

儒、道、墨、名、法、阴阳各家，都对中国社会、学术、政治产生过影响。但影响中国人生活模式、价值取向、心灵形态最深、最久的是儒、道两家。儒家肯定现实人生，维护传统制度，着眼社会安定，促进中国人文主义的形成与发展。道家在表现层面反经验知识、反社会、反对现实人生欲望，实则是以反人文的形式揭示另一种智慧。所以人们认为，儒家以处常，道家可应变，儒、道两家是中国文化的根。

老子是楚人。楚地有江汉川泽山林之饶，系食物常足之地域，盛行隐逸之风，文化上富于玄想。在宗教方面，楚文化一方面狂热，一方面否定，表现出强烈的矛盾。这些都影响到老子。作为老子核心概念的"道"，由传统的宗教性质的至上神成为玄想的哲学概念，应该是拜楚文化之赐。

老子其人，淡泊自处，不汲汲于功名利禄，故赞语中以"志与鸥盟"形容其不慕荣利、因任自然的风格。司马迁说"老子修道德，其学以自隐无名为务"。还说老子是"周守藏室之史也"。据此可知，老子是周朝的文化官员。于是便可以猜度，他有典籍有职责，这是其玄想横生的基础。

可是，人多了玄想，加之一个地方待得太久，一种事情做得太长，就容易生出不满意来。于是，司马迁说老子"居周久之，见周之衰，乃遂去。至关"。传说是乘牛去的。"关令尹喜曰：'子将隐矣，强为我著书。'于是老子乃著书上下篇，言道德之意五千余言而去"。你看，不但去了，而且去得很彻底，竟至于"莫知其所终"。

据云，孔子曾问礼于老子。这也是司马迁说的，而且还说这过程让孔子很是佩服：孔子适周，将问礼于老子。老子曰："子所言者，其人与骨皆已朽矣，独其言在耳。且君子得其时则驾，不得其时则蓬累而行。吾闻之，良贾深藏若虚，君子盛德，容貌若愚。去子之骄气与多欲，态色与淫志，是皆无益于子之身。吾所以告子，若是而已。"孔子去，谓弟子曰："鸟，吾知其能飞；鱼，吾知其能游；兽，吾知其能走。走者可以为罔，游者可以为纶，飞者可以为矰。至于龙，吾不能知，其乘风云而上天。吾今日见老子，其犹龙邪！"

"道"是老子思想体系的核心。学者认为，老子的"道"是先天地而生的精神实体，是先天地而生的世界万物的本原，是无形无声的，且独立于自然界之外永远不变的，是一种绝对精神："道之为物，惟恍惟惚。恍兮惚兮，其中有象；恍兮惚兮，其中有物。"（《老子》二十一章）"有物混成，先天地生。寂兮寥兮，独立不改，周行而不殆，可以为天下母。吾不知其名，字之曰道，强为之名曰大"（《老子》二十五章）。是老子认为生万物者非神，乃混然之物。此物即道。"道生一，一生二，二生三，三生万物"（《老子》四十二章）。即言道生万物。至于唐君毅将老子的道归纳为虚理之道、形上道体、道相之道、同德之道、修德及其他生活之道、事物及心境人格状态之道。其说具在，可备研究者参考。

《庄子·天下》称："关尹、老聃乎，古之博大真人哉！"

老子着重自然，强调无为，主张抱朴无争，认为宇宙万物均有一个"独立不改，周行而不殆"的道理在，既不用天来主宰，也无须人来安排。在政治上，认为"我无为而民自化，我好静而民自正，我无事而民自富，我无欲而民自朴"（《老子》五十七章），"其政闷闷，其民醇醇；其政察察，其民缺缺"（《老子》五十八章）。在人生上，强调"见素抱朴，少私寡欲，绝学无忧"（《老子》十九章）。于是，他的理想社会就是："小国寡民，使有什伯之器而不用，使民重死而不远徙。虽有舟舆，无所乘之。虽有甲兵，无所陈之。使人复结绳而用之。甘其食，美其服，安其居，乐其俗。邻国相望，鸡犬之声相闻，民至老死不相往来。"（《老子》十八章）关于无争，他说得也非常清楚："不自见，故明；不自是，故彰。不自伐，故有功；不自矜，故长；夫唯不争，故天下莫能与之争。"（《老子》二十二章）

春秋战国面临重大社会解组，老子用攻击现存秩序、隐匿逃避的方式，揭露弊端，正言若反，唤醒人们重新检视作为。他反对战争，提倡不以兵强天下；反对兼并，提倡小国寡民；反对货利，提倡清静为天下正；反对有为，向往无为，提倡返朴归真，追求生命再生；反对虚伪礼治，认为这是忠信之薄。此外，老子还反对经验，强调直觉之知和境界状态，其学后来能与儒释合流，端于此。其实，司马谈《论六家要指》已经隐约指出老子在方法论上表现出的两个辩证法观念：一是变动流转的观念；一是对立的相互转换融合。明乎老子的方法论特点，对于理解无为而无不为、知白守黑、大智若愚、大成若缺、大盈若冲、大直若曲、大巧若拙等观点非常重要。

老子对学术思想方面的影响，最早是先秦诸子，其次是魏晋玄学，再次是佛学，然后是宋代理学，其泽绵绵。

墨翟赞第三

我生也贫，枯槁不舍。兼爱非攻，尚贤济寡。

摩顶放踵，以利天下。显学力行，在朝在野。

止楚攻宋，纵横叱咤。赴火蹈刃，誉满华夏。

三表开新，辩类故化。平民精英，千秋大雅。

墨翟（约前476—前390），鲁国人，一说宋国人。战国时期杰出的思想家和教育家。他的学生称他为"子墨子"，人们称他为墨子。他创办私学，号称有门人三百，声势浩大。他还曾在北方各国讲学，因而有"北方贤圣人"之称。他所开创的墨家学派，与儒家抗衡并立，在当时被认为是"显学"。

墨子大概生在孔子死的前后，死在孟子生的前后。他早年受儒家影响，向儒家学了不少东西。可后来，当他年纪稍大、知识渐开时，他感到了儒家的弊端，于是，从儒家的营垒中冲出来。墨子是一个出身于下层的人。从他的名字看，墨是上古五刑之一，故有刑徒贱役之义；翟是一种长尾巴的野鸡。墨子说，他在顷刻之间削成的车轴，能承受六百斤重的物体；他制成的木鸢，能在空中飞翔三天三夜。可见，他是个能工巧匠。我们认为，他大概是一个刚刚由小手工业者上升到士行列的知识分子，还带着贫民阶层的特点。所以，他觉得孔子的政治主张、孔子的礼，不但麻烦费事，而且使奴隶们受害不浅。举例说，贵族们死了亲人，可以把礼仪办得那样隆重，丧事办得那样热闹，这要是放在奴隶们、贫民们身上，又怎么可能呢？就这样，墨子扬弃了儒家的主张，提出了自己的观点，以自己的私学为中心，组成了墨家学派。这个学派的主张，处处带有积极性，往往是为兴利远害而对症下药："国家昏乱，则语之尚贤、尚同；国家贫，则语之节用、节葬；国家熹音湛湎，则语之非乐、非命；国家淫僻无礼，则语之尊天、事鬼；国家务夺侵凌，则语之兼爱、非攻。"（《墨子·鲁问》）

墨子主张兼爱，认为天下为乱之由起于不相爱，"子自爱不爱父，故亏父而自利；弟自爱不爱兄，故亏兄而自利；臣自爱不爱君，故亏君而自利"，而解决之道在于"使天下兼相爱，爱人若爱其身"（《墨子·兼爱上》）。

墨子主张非攻，认为战争是亏人以自利，因而倡导和平，反对战争。

墨子主张尚贤，主张唯才是用，高爵重禄，并把量功而分作为考察方式，并强调为义始有富贵可言。

上所言墨子主张之诸项，皆以利作为外在之诱因、行事之根柢，与出于本心者有别。这是带有该集团特色的。

墨家虽为显学，然而强调力行，无论在朝在野，均反对儒家的惰于作务（《墨子·非儒下》）。《孟子·尽心上》云："墨子兼爱，摩顶放踵利天下，为之。"事实上，墨子当时的团体是一个带有宗教气息的政治集团，墨子是此集团的首领，称为钜子。后来继承他做钜子的，还有孟胜、田襄、腹䵍等人。这个集团强调实践，强调献身精神。墨子叫弟子们干什么，弟子们就干什么，哪怕是兵革在前、水深火热，哪怕是荆天棘地、举步维艰，也绝不推辞，绝不逃避。所谓"墨子服役者百八十人，皆可使赴火蹈刃，死不还踵，化之所致也"（《淮南子·泰族训》）。著名的止楚攻宋的故事，说明了墨家的精神与气格，也给他们带来了巨大的声誉。

墨子哲学思想的主要贡献在认识论方面。他认为耳目之实的直接感觉经验是认识的唯一来源："闻之见之，则必以为有；莫闻莫见，则必以为无。"（《墨子·明鬼下》）由此，他提出了三表法：上本之于古者圣王之事，下原察百姓耳目之实，废（发）以为刑政，观其中国家人民百姓之利。即，把前人的间接经验、百姓的直接经验和实际效果综合起来，作为检验、认识真伪的标准。在名实关系上，他还提出"非以其名也，以其取也"（《墨子·贵义》）的命题，主张以实正名，名副其实。这些，在当时都是难能可贵的。

墨子提出了辩、类、故等逻辑概念，要求将辩作为一种专门知识来学习。墨子的"辩"虽然统指辩论技术，但却是建立在知类（事物之类）明故（根据、理由）的基础上的，因而属于逻辑类推或论证的范畴。这些，也是具有开创意义的。

墨家与儒家是并立的显学，"同是尧舜，同非桀纣，同修身正心以治天下国家"（韩愈《读墨子》）。然而，二者在"礼"、"乐"、"仁"、"义"的看法上有大分歧。一个要葬之以礼，祭之以礼；一个要薄葬以节用。一个好乐，与民同之；一个非乐、自苦。一个讲究泛爱、推恩、明分，认为爱有差等；一个讲究兼爱、尚同、非攻，认为爱无差等。一个重仁义教化，反对言利；一个重功利、笃行务实。在一段时间里，儒、墨处于对立状态，墨家被儒家视为异端，而墨学在当时社会上的影响巨大，甚而至于"天下之言，不归杨则归墨"（《孟子·滕文公下》）。墨子作为平民精英，称得上是千秋大雅。

杨朱赞第四

不济危急，不蹈艰难。不拔一毛，利其元元。

不贪货利，在在咸安。不以累形，真保性全。

为我贵己，余事无干。重生轻物，大道自完。

归杨归墨，天下之言。当时响应，及于陌阡。

　　杨朱，字子居。又称杨生、杨子、阳子居。哲学家，战国时期魏国人。道家杨朱学派的创始人。生卒年不详。有人因为《墨子》书中未曾提到他，而在《孟子》书中他已经与墨子一样言盈天下，故推断出他生活的年代应该在墨子与孟子之间。

　　杨朱的学说，从表面上乍看起来，显得颇为自私自利。《孟子·尽心上》说他："杨子取为我，拔一毛而利天下，不为也。"《韩非子·显学》也说他"今有人于此，义不入危城，不处军旅，不以天下大利易其胫一毛"。这意思就是我们在赞语中说的"不济危急，不蹈艰难。不拔一毛，利其元元"。

　　不过，我们不能简单地认为杨朱就是自私自利，更不能简单地认为他颓废堕落。理由是：

　　从表层上看，杨朱在表明不为别人做贡献的同时，同样也表明自己绝对不贪货利，不让别人为自己做贡献，即不但强调"损一毫利天下不与也"，而且坚持"悉天下奉一身不取也"（《列子·杨朱》）。唯其不与不取，故能顺其所遇，达到一定意义上的自我完善，在在咸安。

　　从更深层看，我们应该坚持一个原则，即不能脱离具体时代来评价人物及其理论观点。学者们认为，杨朱的观点之所以产生有其时代与思想之理路脉络，在当时并非没有其认识意义，也并非没有其引人沉思至于发人深省之价值。春秋晚期到战国早中期，诸侯相争，纷纷不已，人人都如自私自利之沙，能肥己就肥己，可称尊便称尊，贵公贵仁之说，已成虚伪之面上言辞。杨朱于此状况，应是深恶痛绝，于是愤而倡言"贵己"，以之矫枉："古之人损一毫利天下不与也，悉天下奉一身不取也。人人不损一毫，人人不利天下，天下治矣。"（《列子·杨朱》）对于杨朱的观点，贺麟先生分析认为，这是取其两极端之中道："'不拔一毛以利天下'即极言其既不损己以利人，以示与损己利人的利他主义相反，亦不损人以利己，以示与损人利己的恶人相反，而取其两极端的中道。"（《文化与人生》）吕思勉先生分析得更为直接而深刻："夫人人不损一毫，则无尧舜，人人不利天下，则无桀纣；无桀纣，则无当时之乱，无尧舜，则无将来之弊矣。故曰天下治也。杨子为我之说如此，以哲学论，亦可谓甚深微妙；或以自私自利目之，则浅之乎测杨子矣。"（《先秦学术概论》）何况杨朱还有进一步的说明："善治外者，物未必治，而身交苦；善治内者，物未必乱，而性交逸。以若之治外，其法可以暂行于一国，未合于人心；以我之治内，可推之于天下。"（《列子·杨朱》）

在贵己的基础上，杨朱提倡全性保真，自己主宰自己的命运。全性指顺应自然之性，保真指保持自然赋我之真。生既有之便当全生，物既养生便当享用。然不可逆命而羡寿，不可聚物而累形，不可贪得无厌，不可外物伤生。在杨朱看来，人只要为我贵己，余事均是与己无干的。人只要重生轻物，纵心而动，纵心而游，不违自然，不逆万物，勿矜毁誉，不顾余荣，不羡寿、名、位、货，不畏鬼、人、威、利，大道自可圆满。

孟子所言之"杨朱、墨翟之言盈天下，天下之言，不归杨则归墨"（《孟子·滕文公下》），应是当时之真实情况。关于杨朱、墨翟之分别，孟子说："杨子取为我，拔一毛而利天下，不为也。墨子兼爱，摩顶放踵利天下，为之。"（《孟子·尽心上》）在此基础上，孟子更推而语其极端，说："杨氏为我，是无君也。墨氏兼爱，是无父也。"（《孟子·滕文公下》）意思是杨朱为我，是没有社会国家观念；墨翟兼爱，是没有亲疏父子观念。是知杨朱与墨翟一为我，一为群，而均觉得自己的主张好，认为如果实行，就可以平治天下。

有学者认为，杨朱的"人人不损一毫，人人不利天下，天下治矣"，是道家的无为思想。据此推定杨朱的思想源于道家，属于道家的一派，与老、庄略有分歧，而实同源。并且将老、庄、杨加以比较：老子主无名无欲，尚自然，可以说是道家的无名派；庄子主齐物逍遥，尚自由，可以说是道家的齐物派；杨子主利己偷安，尚自守，可以说是道家的为我派。质之事实，这样的认识可备一说。

孟轲赞第五

崇尊孔圣，道统巍巍。如欲平治，舍我其谁。

辙环天下，列座丹墀。养吾浩然，殉于真知。

辨此义利，挟山折枝。曲高自守，显其兰芝。

大哉亚圣，宁不逢时。士人榜样，儒者旌旗。

孟子（约前372—前289），名轲，字子舆。战国邹人。邹地近于鲁，是儒家之根据地。据云，孔子弟子三千人，身通六艺者七十二。孔子虽以四科教，然大抵可以传经、传道两类分之。子游、子夏属于传经者，曾子、子思属于传道者。孟子受业于子思门人，承继传道一脉，与传经一脉之荀子并为大儒。而孟子的声望及影响远过荀子，被后世尊奉为仅次于孔子的"亚圣"。

《孟子》书中称赞、评论过许多人物，但最为敬仰崇拜的则是孔子。孟子认为："自有生民以来，未有孔子也。"（《孟子·公孙丑上》）如果说尊仰周公，继承周公之志业是孔子的大志向，那么，尊仰孔子，继承孔子之志业则是孟子的大志向。他说："昔者禹抑洪水而天下平，周公兼夷狄、驱猛兽而百姓宁，孔子成《春秋》而乱臣贼子惧。……我亦欲正人心，息邪说，距诐行，放淫词，以承三圣者，岂好辩哉？予不得已也。"（《孟子·滕文公下》）当然，时代毕竟发生了变化，所以，由孔子到孟子也就发生了变化。尽管孔子教人以六艺，孟子亦教人以六艺，尽管孔子崇周制，孟子亦遵先王之法，然而，孔孟之别还是存在的：一是孔子抱守宗周理想，尊王攘夷，孟子则舍周文而倡王道；二是孔子尊王而不贱霸，孟子则尊王黜霸；三是孔子以君为师，孟子则以师教君；四是孔子认为君子应以德致位，孟子则要以德抗位。不过，这些不同处，正是孟子因应时代和形势变化而做出的调整，也正是从发展的角度对孔子的继承。

孔子当年为了推行儒道，把古帝理想化为儒道的实践者，作为宣传之资。到了孟子，则渐次有意将之连成了"尧、舜、禹、汤、文王、孔子"的系统，形成了与儒家理想不可分割的道统。于是，孟子则以继承此道统者自居，有时身上还洋溢着救世主的精神："夫天未欲平治天下也。如欲平治天下，当今之世，舍我其谁也？"（《孟子·公孙丑下》）

孟子当时，一方面天下纷纷于合纵连横，诸侯多以霸道为尚，以攻伐为贤；另一方面世道衰微，杨、墨之言盈于天下。而孟子乃以仁义为倡，尊唐虞三代之德，欲以儒术拯救焚溺，是几等于知其不可而为之也。于是历游梁、齐、宋、鲁、滕，虽辙环于天下，亦曾奉坐于殿陛，然所往所遇终不能合。由此可见，志向、理想毕竟只是志向、理想，现实终归是现实。

孟子说："我知言，我善养吾浩然之气。"（《孟子·公孙丑上》）又说："居天下之广居，立天下之正位，行天下之大道，得志与民由之，不得志独行其道，富贵不能淫，贫贱不能移，威武不能屈，此之谓大丈夫。"（《孟子·滕文公下》）又说："天下有道，以道殉身；天下无道，以身殉道。未闻以道殉乎人者也。"（《孟子·尽心上》）由此可见，孟子虽卒老于行，而其志未尝降，其气亦未尝衰。

一个人有守方能有为。孟子的伟大处，在于他的选择，在于他的德行操守。这突出表现在义与利、人与禽的辨别上。义利之辨，是一条道德的防线，是大儒大贤与平人庸夫之界线。人禽之辨，是人走向平凡或走向伟大的基点。而孟子文章中的挟泰山超北海、为长者折枝的比喻，则自有其深意存焉。

当时，社会巨变，文化巨变，人的地位多有升降，富贵财货亦可以追求攫取。于是往来奔竞，反复依违，朝三暮四，翻云覆雨者甚多。而孟子则主张"穷不失意，达不离道"，甚至认为"所欲有甚于生者"，"所恶有甚于死者"。他说："生我所欲也，义亦我所欲也，二者不可得兼，舍生而取义者也。"（《孟子·告子上》）。正因孟子如此曲高而贵乎自守，于是更显其芝兰之节。

儒家学派由孔子天才发其端，至孟子则基本完成其体系，从而光大其学说，扩大其影响。因此，宋元之际，孟子配享孔庙，世称"亚圣"。

孟子的思想，除上面提到者外，主要的还有性善和五伦等。性善说是孟子学说的中心所在。孟子曰："乃若其情，则可以为善矣，乃所谓善也。若夫为不善，非才之罪也。恻隐之心，人皆有之；羞恶之心，人皆有之；恭敬之心，人皆有之；是非之心，人皆有之。恻隐之心，仁也；羞恶之心，义也；恭敬之心，礼也；是非之心，智也。仁、义、礼、智，非由外铄我也，我固有之也，弗思耳矣。故曰：求则得之，舍则失之，或相倍蓰而无算者，不能尽其才者也。"（《孟子·告子上》）这里说到的才，是人之本质。人之本质，同具善端。此即性善说。由性善，孟子的民本思想生焉。由性善，孟子的良知良能论生焉。他说："人之所不学而能者，其良能也。所不虑而知者，其良知也。孩提之童，无不知爱其亲者；及其长也，无不知敬其兄也。亲亲，仁也；敬长，义也。"（《孟子·尽心上》）孟子的这段话，为王阳明所祖述，王阳明的良知说即在此基础上变化而来。五伦是孟子依《尧典》所言之五教立论提出的，具体纲目是"父子有亲，君臣有义，夫妇有别，长幼有序，朋友有信"（《孟子·滕文公上》）。

孟子在忧患中度过一生，可谓生不逢时。然而，生于忧患，死于安乐，也正是这忧患使他焕发出向上之气格，表现出过人之持守，升华出深刻之哲思，最终成为士人之光辉榜样，儒者之正大旌旗。故亦可谓生逢其时。

庄周赞第六

晓梦迷蝶，姿态翩翩；鲲鱼化鹏，云翼垂天。

孰真孰假，野马尘烟。皆有所待，岂但谈玄。

齐一万物，生死等焉。曳尾泥涂，纵浪河川。

精神四达，无与情牵。大鱼赫赫，得以忘筌。

庄子（约前369—约前286），名周，字子休，一说字子沐。宋国蒙人，宋戴公后裔。战国中期著名的思想家、哲学家和文学家，道家学派的主要代表人物，庄学创始人，与老子齐名，并称"老庄"。

庄子是个体制外的孤独的人。他生活的年代，是金戈铁马的时代，是高扬功利的时代，是你方唱罢我登场的时代。而庄子概无与焉。所与往来者，一妻一友一弟子而已。这一点，庄子大不同于孔子、墨子、孟子，后三人与各地政治发生的交往与互动非常频繁。

庄子虽然孤独，但其作品却不显得孤独。因为他思想活跃，喜欢神游，善于冥想，善于做梦，同时喜欢写对话。其书数万言，多立主客，使之相对语。故《别录》云："作人姓名，使相与语，是寄辞于其人。"

有人说庄子是没落奴隶主阶级的代表。我们现在看到的庄子经常是个穷人，可能是个平民，是个"处穷闾隘巷，困窘织屦，槁项黄馘者"（《庄子·列御寇》）。

庄子文章，风格瑰奇多变，格局开阖跌宕，通篇充溢浪漫气息，谈玄说理能致广大而尽精微，被人称为"文学的哲学，哲学的文学"。

在《齐物论》中，庄子提出了一个表现着诗化哲学精义的命题：庄周梦蝶。"昔者庄周梦为蝴蝶，栩栩然蝴蝶也，自喻适志与，不知周也。俄然觉，则蘧蘧然周也。不知周之梦为蝴蝶与，蝴蝶之梦为周与？周与蝴蝶，则必有分矣。此之谓物化"。梦中庄周变化为蝴蝶，醒后蝴蝶复化为庄周，揭橥出人不可能确切地区分真实与虚幻的观点以及对生死物化的认识。这其中的浪漫与思考，引发了诸多文人之共鸣，李商隐"庄生晓梦迷蝴蝶，望帝春心托杜鹃"即其一例。

庄子善讲故事，且往往如野马尘烟般出入于真实与虚幻之间。在《逍遥游》中，即有鲲鹏转化的故事，所化之鹏，"翼若垂天之云"。这个故事讲的是对绝对自由的追求，无论是不善飞翔的蜩与学鸠，还是能借风力飞到九万里高空的大鹏，甚至包括可以御风而行的列子，他们都是"有所待"而不自由的，只有忘却物我的界限，达到无己、无功、无名的境界，无所依凭而游于无穷，才能达到真正的逍遥。而这一境界，并非一味玄谈所能达到。

庄子所言的"齐物论"，包含齐物与齐论二义。万物千差万别，终是齐一，此即"齐物"；人之看法和观点千差万别，终是齐一，并无所谓是非和不同，此即"齐论"。万物诸论齐一，则生死等焉。

庄子是一个不愿意受羁勒的人。有这样一个故事可以说明他的性情："庄子钓于濮水，楚王使大夫二人往先焉，曰：'愿以境内累矣！'庄子持竿不顾，曰：'吾闻楚有神龟，死已三千岁矣，王巾笥而藏之庙堂之上。此龟者，宁其死为留骨而贵乎？宁其生而曳尾涂中乎？'二大夫曰：'宁生而曳尾涂中'。庄子曰：'往矣！吾将曳尾于涂中。'"（《庄子·秋水》）在庄子心中，于此际能曳尾于涂中，方能于整个生命过程中纵浪于河川。而欲达到此自由与纵浪，则要爱养精神使之不为俗情、俗物所牵掣，自由放任达于

四方,从而实现庄子所言之境界:"精神四达并流,无所不极,上际于天,下蟠于地。"(《庄子·刻意》)

《庄子·外物》还讲过一个钓大鱼的故事:"任公子为大钩巨缁,五十犗以为饵,蹲乎会稽,投竿东海,旦旦而钓,期年不得鱼。已而大鱼食之,牵巨钩,錎没而下,骛扬而奋鬐,白波若山,海水震荡,声侔鬼神,惮赫千里。任公子得若鱼,离而腊之,自制河以东,苍梧以北,莫不厌若鱼者。已而后世辁才讽说之徒,皆惊而相告也。夫揭竿累,趣灌渎,守鲵鲋,其于得大鱼难矣,饰小说以干县令,其于大达亦远矣。是以未尝闻任氏之风俗,其不可与经于世亦远矣。"

此则故事正可看作庄子自我肯定精神之形象化表述。而当别人惊羡于其独特的想象力与大胆之夸张手法时,庄子本人恐怕早已在得鱼忘筌的境界中沉醉了。"得鱼忘筌"也出于《庄子》。《外物》说:"筌者所以在鱼,得鱼而忘筌;蹄者所以在兔,得兔而忘蹄;言者所以在意,得意而忘言。"

吕思勉《先秦学术概论》说庄子思想甚详:"庄子之意,以为天地万物,皆一气变化所成,其变化人无从预知之;故同在宇宙之中者,彼此亦不能相知。世之执其所见,自谓能知者,均属妄说。执此妄说,而欲施诸天下,则纷扰起矣。故治天下之法,莫如泯是非。泯是非则不执成见,凡事皆当尽力考察,随时变换办法,以求适合。即今重客观戒恃主观之说也。至于人之所以自处,则将来之祸福,既不可知,自莫如委心任运,听其所之。心无适莫,则所谓祸者,即已根本无存矣。老子之主清

虚，主卑弱，仍系为应事起见，所谈者多处世之术；庄周则意
在破执，专谈玄理，故曰其学相似而不同。然其宗旨，则究于
老子为近。"

邹衍赞第七

仰察天运，俯探地规。敬顺昊天，敬授民时。

欲救淫侈，归以亲施。先验小物，推而大之。

至于黄帝，迄于未知。九九之州，各存其宜。

日月阴阳，斗转星驰。五德终始，疑出末支。

邹衍（约前305—约前240），亦写作驺衍。齐国人。战国末期阴阳家的代表。因为他天文地理知识丰富，时人称之为"谈天衍"。

《史记·太史公自序》所记其父司马谈的《论六家要指》即把阴阳家放在第一位，说："《易大传》：'天下一致而百虑，同归而殊涂。'夫阴阳、儒、墨、名、法、道德，此务为治者也，直所从言之异路，有省不省耳。尝窃观阴阳之术，大祥而众忌讳，使人拘而多所畏；然其序四时之大顺，不可失也。"后面又解释说："夫阴阳四时、八位、十二度、二十四节各有教令，顺之者昌，逆之者不死则亡。未必然也，故曰'使人拘而多畏'。夫春生夏长，秋收冬藏，此天道之大经也，弗顺则无以为天下纲纪，故曰'四时之大顺，不可失也'。"《汉书·艺文志》也说："阴阳家者流，盖出于羲和之官，敬顺昊天，历象日月星辰，敬授民时，此其所长也。及拘者为之，则牵于禁忌，泥于小数，舍人事而任鬼神。"

邹衍是稷下学宫的大师。他的述作，系因应当时之形势产生。《史记·孟荀列传》说："驺衍睹有国者益淫侈，不能尚德，若《大雅》整之于身，施及黎庶矣。乃深观阴阳消息，而作怪迂之变，《终始》、《大圣》之篇十余万言。"既然其学说系因欲救治有国者益淫侈之弊端而发，那么，"要其归，必止乎仁义节俭，君臣上下六亲之施"。

《史记》说邹衍之治学方法甚明："其语闳大不经，必先验小物，推而大之，至于无垠。"可见邹氏系先用归纳法，后用演绎法。先验其小物，得其同，然后以演绎法以推他物，以至于无垠。若究其推于无垠之故，则应系庄子出于涯涘，乃可与语大道之意。

邹衍深观阴阳消息而作怪迂之变，用他的方法来推论其自然观。这推论，涉及三个问题：一个是时间的，一个是空间的，一个是变化的。

邹氏以其法探究古史，推导出他对时间问题的看法："先序今以上至黄帝，学者所共术，大并世盛衰，因载其机祥度制，推而远之，至天地未生，窈冥不可考而原也。"这就说明宇宙在时间上是没有开始的，是自始至终都存在的。此即赞文所言"至于黄帝，迄于未知"。

邹氏更以其法探究地理，推导出他对空间问题的看法："先列中国名山大川，通谷禽兽，水土所殖，物类所珍，因而推之，及海外人之所不能睹。称引天地剖判以来，五德转移，治各有宜，而符应若兹。以为儒者所谓中国者，于天下乃八十一分居其一分耳。中国名曰赤县神州。赤县神州内自有九州，禹之序九州是也，不得为州数。中国外如赤县神州者九，乃所谓九州也。于是有裨海环之，人民禽兽莫能相通者，如一区中者，乃为一州。如此者九，乃有大瀛海环其外，天地之际焉。其术皆此类也。"这就说明宇宙在空间上是广阔的，即赞所言"九九之州，各存其宜"。"大九州"，打破了儒家封闭的地理观念，改变了人们对世界的看法。

邹氏言阴阳消息变化，对后世亦多有影响。他认为，世界是变动不居的，有易则易，并非守一不变。阴盛阳衰，阳盛阴衰，一消一息，互为更替。此所谓四隅不静。推而至于改朝换代，亦是规律，不能违反。而这种认识，应该与邹衍生活的那个变动不居的时代有关。

由今日观之，阴阳之名，含有三义；而阴阳家之变，亦生三派：其一则前述之日月阴阳，即羲和之钦若昊天，敬授民时之义；其二则指阴阳变化；其三则五行阴阳，即五行术数之阴阳。五行术数之阴阳，虽然亦本于羲和之言，生于律历，然而有学者认为，此应是学术屡变而失其宗，应非阴阳家之本然如此。不过，这变化之枢纽还应该是邹衍。《史记·封禅书》云："自齐威、宣之时，驺子之徒论著始终五德之运，及秦帝而齐人奏之，故始皇采用之。而宋毋忌、正伯侨、充尚、羡门高最后皆燕人，为方仙道，形解销化，依于鬼神之事。驺衍以阴阳主运显于诸侯，而燕齐海上之方士传其术不能通，然则怪迂阿谀苟合之徒自此兴，不可胜数也。"

有人认为，从邹衍为学的宗旨与方法看，其学说应与阴阳主运神仙方士之说大不同，因而怀疑《史记·封禅书》所说乃汉人假托之言，非邹衍之本真。更从文章辞气上看，前引邹衍探究地理之言，本极其连贯无挂碍，而中忽有与前后文不协调之文曰"称引天地剖判以来，五德转移，治各有宜，而符应若兹"云云，于是认为此云云之文者，应系后人妄加。若果其然，则五德终始之说应非邹衍所持。若果其然，则邹衍之阴阳与五行之阴阳之异可知。亦可见邹衍之阴阳为哲学，而五行之阴阳，至多出于尾流末枝，不过技艺而已，不足与言哲学。

邹衍一生著述甚丰，《汉书·艺文志》著录《邹子》四十九篇、《邹子终始》五十六篇，惜皆亡佚。然其学说在当时盛极一时。《史记》载："驺子重于齐。适梁，惠王郊迎，执宾主之礼。适赵，平原君侧行撇席。如燕，昭王拥彗先驱，请列弟子之座而受业，筑碣石宫，身亲往师之。作《主运》。其游诸侯见尊礼如此……"尽管钱穆先生考证曰："驺衍适赵，与公孙龙辩于平原君门，其时梁惠、燕昭皆已死，衍与荀卿略同时，《史记》之说误也。"（《国学概论》）然亦认为邹衍学说于当时极其盛大，且大有力于当时学风推衍。

荀况赞第八

天行有常，无关雩雨。以术相人，应失鱼鲁。

定名辨实，五官神聚。博学静思，如响以取。

化性起伪，涂人为禹。载御牛马，缘成群伍。

贵民尚贤，足欲为主。师法后王，礼刑龙虎。

荀子，名况。赵国人。战国末期著名思想家、文学家、政治家，时人尊称"荀卿"。曾三任齐稷下学宫祭酒，学问过人。荀子生卒年不可确考。汪中作《荀子年表》，起赵惠文王元年（前298），迄赵悼襄王七年（前238），据此，荀子一生的重要活动，大约应在这六十年中。

荀子以"天人相分"为基，建构起自己的天道观。要点有四：一是天道自然；二是"天行有常"；三是天人相分；四是"制天命而用之"。赞文中的"天行有常，无关雩雨"，意思是天道运行自有其规律，其阴晴风雨均与人之意愿无关，当然亦与雩这种古老的祈雨祭祀无关。《荀子·天论》曰："雩而雨，何也？曰：无何也，犹不雩而雨也。日月食而救之，天旱而雩，卜筮然后决大事，非以为得求也，以文之也。故君子以为文，而百姓以为神。以为文则吉，以为神则凶也。"

"以术相人，应失鱼鲁"，系基于荀子《非相》为言，是说相面术不可靠，犹如鲁鱼帝虎，失一毫而谬千里。"鲁鱼帝虎"出自葛洪《抱朴子·遐览》，原文为："谚曰：'书三写，鱼成鲁，虚成虎。'"然而，南北朝《颜氏家训》，唐代《意林》、《北堂书钞》等书引用这几句时，均为"书三写，鱼成鲁，帝成虎"。《非相》，所非之相，即指相面。作者认为，相面是古之人无有、学者不道的方术，与人的吉凶无关，并以大量的实例证明了相面术的虚妄，指出"相形不如论心，论心不如择术，形不胜心，心不胜术。术正而心顺之，则形相虽恶而心术善，无害为君子也；形相虽善而心术恶，无害为小人也"。所言虽仅为相面，其深层内涵则引人深思。

"定名辨实，五官神聚"，说的是荀子在名实关系上"制名以指实"的观点。这个观点包括三个方面：一是制名目的；二是制名根据；三是"制名之枢要"。其中制名根据，用荀子原话，即"所缘以同异"。荀子认为，制名须"缘天官"，"然则何缘而以同异？曰：缘天官"。"耳、目、鼻、口、形能各有接而不相能也，夫是之谓天官"（《荀子·正名》）。

"博学静思，如响以取"，有关于学问。在《劝学》中，荀子提倡博学静思。同时，也提出了"君子如响"的说法，认为君子答问，应若空谷回音一般，不多不少，恰到好处："君子之学也，入乎耳，著乎心，布乎四体，形乎动静。端而言，软而动，一可以为法则。小人之学也，入乎耳，出乎口。口耳之间，则四寸耳，曷足以美七尺之躯哉！古之学者为己，今之学者为人。君子之学也，以美其身；小人之学也，以为禽犊。故不问而告谓之傲；问一而告二，谓之囋。傲，非也；囋，非也；君子如响矣。"

"化性起伪，涂人为禹"，基于荀子的性恶论。荀子对"性"、"伪"有明确定义："不可学、不可事而在人者谓之性；可学而能、可事而成之在人者谓之伪。是性、伪之分也。"（《荀子·性恶》）在这里，"伪"是人为的意思。荀子认为，人的天性本是恶的，凡是善都是人为的。而人之贤愚不肖之别，亦系后天之环境经验对人性之改造，"在执注错习俗之所积耳"（《荀子·荣辱》）。他说："凡礼义者，是生于圣人之伪，非故生于人之性也。""故圣人化性而起伪，伪起而生礼义，礼义生而制法度。然则礼义法度者，是圣人之所生也。故圣人之所以同于众，其不异于众者,性也;所以异而过众者,伪也"(《荀子·性恶》)。于是,他认为,通过化性起伪,则"涂之人可以为禹"。涂之人,即行于道途之平人也,为禹则超凡作圣人矣。

"载御牛马,缘成群伍",表达的是荀子的一种创见:人是社会性动物,能群,故较其他动物为优。在《王制》中,荀子说:"力不若牛,走不若马,而牛马为用,何也?曰:人能群,彼不能群也。"

荀子讲究贵民尚贤。贵民有"天之生民,非为君也。天之立君,以为民也。故古者列地建国,非以贵诸侯而已;列官职,差爵禄,非以尊大夫而已"(《荀子·大略》),说明荀子认为政权统治的合法性在于民本。尚贤则有尚贤可使君安、尚贤使能等位不遗、不敬贤无异禽兽等意思为证。

荀子另有一个重要观念是"足欲"。孔、孟也有足欲观念,孔之先富后教,孟之制民之产即是。不过,足欲作为生物逻辑,往往与孔、孟的价值观念,诸如"谋道不谋食"、"寡欲"等不协调。荀子的理论则不存在这样的矛盾,因他的基本价值在礼,而礼的功能之一就是"养人之欲,给人之求"(《荀子·礼论》)。

在荀子思想中,"法后王"十分重要。表面上荀子"法后王"是师法周代的文、武等王,实则"后王"的意义是真正的后王,即当世之王,还有更主要的意义则是指理想中的未来的王。他的"法后王"思想,与法家的尊今抑古思想有近似处。宜乎其为韩非、李斯之师。

荀子重视刑赏,然而,因为他是儒家,所以把礼放在前面。

他说："治之经，礼与刑。"（《荀子·成相》）而他所讲究的礼治，本来就有伦理的和政治的二义。政治的礼，就是法制："国无礼则不正。礼之所以正国也，譬之犹衡之于轻重也，犹绳墨之于曲直也，犹规矩之于方圆也。"（《荀子·王霸》）在荀子的体系中，往往礼刑兼用连出，如龙虎焉。

韩非赞第九

身处弱邦，欲复强体。黜退贤良，鄙薄仁义。

不务其德，唯力是计。主辱臣苦，倡法术势。

任法严刑，劲直强毅；任术尊君，控御驱使；

任势重权，奸滑斯止。矫枉图新，有当世志。

韩非（约前280—前233），即韩非子，亦称韩子。韩国人。战国时期法家学派的主要代表。学者认为他继承了荀子的唯物主义思想，发展了老子哲学之积极成分，集法家思想之大成，创立了独具特色的思想体系。

"身处弱邦，欲复强体"，说的是韩非所处环境与他的志向。韩非思想宏博活跃，有当世志，然而却生长在七雄中势力最弱的韩国。韩国于昭侯之世，因为用申不害为相，曾经国治兵强，然而，到韩非时，已经成为陈迹。抚今追昔，韩非心情颇不平静。于是主张反省，主张改弦更张，强其国体。

要改弦更张，不能因循老办法，于是他便矫枉过正，至于"黜退贤良，鄙薄仁义"。因此，韩非在中国思想史上，特别是宋元以降，往往被认为是异端。"非子书，大抵薄仁义，厉刑禁，尽斥尧、舜、禹、汤、孔子，而兼取申、商惨刻之说，其言恢诡叛道，无足多取"（赵用贤《韩非子书序》）。

韩非还主张不务其德而务法、务力。"夫圣人之治国，不恃人之为吾善也，而用其不得为非也。恃人之为吾善也，境内不什数；用人不得为非，一国可使齐。为治者用众而舍寡，故不务德而务法"。"是故力多则人朝，力寡则朝于人，故明君务力"（《韩非子·显学》）。

韩非对韩国现实有清醒的认识："夫韩，小国也，而以应天下四击，主辱臣苦，上下相与同忧久矣。"（《韩非子·存韩》）出于这样的认识，韩非提出了自己的主张。我们知道，韩非之前，法家有四派：一是尚实派，代表人物是李悝和商鞅；二是尚法派，代表人物是商鞅；三是尚术派，代表人物是申不害；四是尚势派，代表人物是慎到。韩非则兼容并蓄，于尚实，重视轻死而尚功、疾作而力耕者外，主张任法、任术、任势。

韩非任法，法禁连言，提倡"按法以治众"。他纯从统治者的角度考虑问题，以赏罚作为控御臣民的两种手段，且主张严刑，不惜酷法苛政，大败天下之民。他强调要将法律"编著之图籍，设之于官府，而布之于百姓"（《韩非子·难三》），还强调要使"宪令著于官府，刑罚必于民心"（《韩非子·定法》），从而保证"法不阿贵"，"刑过不避大臣，赏善不遗匹夫"（《韩非子·有度》）。韩非也知道，这样的法，一般人是无法执行的，于是他说"能法之士，必强毅而劲直"（《韩非子·孤愤》）。

韩非任术，作用是暗用心机，控御驱使臣下，主旨还是尊君，是为君量身定制的御臣手段。"术者，因任而授官，循名而责实，操杀生之柄，课群臣之能者也，此人主之所执也"（《韩非子·定法》）。至于人主如何才算有术，韩非认为，一要隔塞而不通，周密而不现，二要能掩饰好恶之情。韩非的尊君是无条件的，臣下要把君主当成高天泰山，顺上之为，从主之法，虚心以待令，北面委质，无有二心，只有服从的份儿。因为明白术的重要，韩非专门对术进行了深入研究，系统地提出了他的无为术、形名术、参悟术、听言术、用人术、禁奸术等。其中的手段，直接而赤裸。

韩非任势，推崇权力。"君执柄以处势，故令行禁止。柄者，杀生之制也；势者，胜众之资也"（《韩非子·八经》）。势在这里不仅是一般权力的代名词，更是一种强权。韩非将势分为人设之势与自然之势。自然之势是继承来的权威，韩非不看重。他所看重的是人设之势，他认为这种通过法律制度、凭借刑赏、人为形成的势才是最重要的："夫势者，名一而变无数者也。势必于自然，则无为言于势矣；吾所为言势者，言人之所设也。"（《韩非子·难势》）韩非认为，就当时的情势而言，势比法、术更重要。无势，法不能施行；无势，术失其因依。国君只有操权处势，方能制天下，征诸侯。为此，他提倡明君务力，认为权势不可以借人，上失其一，下以为百。还认为，势重者，人主之渊也；臣者，势重之鱼也。意思分明是，君主获取权力最为要务，权必独擅，君主无权则亡。一句话，就是专制极权。"圣人德若尧舜，行若伯夷，而位不载于世，则功不立，名不遂"（《韩非子·功名》）。在《难势》中，他先借慎到之口说："飞龙乘云，腾蛇游雾，云罢雾霁，而龙蛇与蚓蚁同矣，则失其所乘也。贤人而诎于不肖者，则权轻位卑也；不肖而能服于贤者，则权重位尊也。尧为匹夫不能治三人，而桀为天子能乱天下。吾以此知势位之足恃，而贤智之不足慕也。"然后，借应对辩难，对慎到的说法进行了发挥，认为既然贤、势不相容，则莫如中主抱法处势以治："且夫尧、舜、桀、纣千世而一出，是比肩随踵而生也。世之治者不绝于中，吾所以为言势者中也。中者，上不及尧、舜，而下亦不为桀、纣，抱法处势则治，背法去势则乱。今废势背法而待尧、舜，尧、舜至乃治，是千世乱而一治也。抱法处势而待桀、纣，桀、纣至乃乱，是千世治而一乱也。且夫治千而乱一，与治一而乱千也，是犹乘骥、骔而分驰也，相去亦远矣。"

韩非认为任法、任术、任势，就可以加强人主之权，也就可以实现他所追求的国家富强的目的。这种认识，一部分是由当时他所处的形势及其抱负决定的，一部分可看作是对孔子先富后教之说的矫枉。总之都表现出他与众不同的强烈的用世之心。也正因为其过于强烈的用世情结、激烈的政治倾向和集权情结以及特别迫切的急功近利心态，造成了他思想的一些偏激与偏执，影响了他的成就，使他在得人赞许的同时，也在一定程度上遭人诟病。

惠施赞第一〇

辩譬多方，五车载籍。庄周放浪，言友则必。

抱鼠说鱼，唯君是匹。运斤成风，最重其质。

逐物不反，欲穷其密。十事高名，同异合毕。

无外无内，大一小一。方生方死，无厚不积。

惠施（约前370—前310），宋人。曾为梁相，与庄子并时。战国时期名家学派的代表人物。

《汉书·艺文志》云："名家者流，盖出于礼官。古者名位不同，礼亦异数。"此就名家之远源为言。学者认为，名家出于礼官；而法家出于理官，信赏必罚，以辅礼制。礼与法相近，故名、法两家亦多相混。又，名、法、礼三者古时关系甚重，诸子几乎无不通名学者。正如张尔田《史微·原名》所言："名家之学，百家莫不兼治之。荀子有《正名篇》矣，则儒家之有名也；墨子有《辨经》及《大取》、《小取》矣，则墨家之有名也；韩非子曾言刑名参同矣，则法家有名也；《吕氏春秋》亦有《正名篇》矣，则杂家之有名也。"

"辩譬多方，五车载籍"，所言二事：一者言惠施善于言辩，一者言惠施著述之多。《庄子·天下》说："惠施多方，其书五车。"而《汉书·艺文志》云："《惠子》一篇。"则可见惠施之书在汉时已经多所亡佚。至于惠施的善辩，则在当时特别有名。"南方有倚人焉，曰黄缭，问天地所以不坠不陷，风雨雷霆之故。惠施不辞而应，不虑而对，遍为万物说，说而不休，多而无已"（《庄子·天下》）。

"庄周放浪，言友则必"，意思是说，庄子是放浪不羁之人，是一个玄想的天才，精神世界极其丰富，但是，在现实世界，据《庄子》所记，他的朋友极少，甚至可能只有惠施一人。所以好多事情发生在庄子和惠施之间。

"抱鼠说鱼，唯君是匹"，是说抱鼠、说鱼这样有趣的事，只有惠子才可以与庄子相与搭档。

抱鼠，是《庄子》中记载的一则与惠子有关的故事。也就是人们经常说的惠子相梁时发生的故事：惠子相梁，庄子往见之。或谓惠子曰："庄子来，欲代子相。"于是惠子恐，搜于国中三日三夜。庄子往见之，曰："南方有鸟，其名为鹓雏，子知之乎？夫鹓雏发于南海，而飞于北海；非梧桐不止，非练实不食，非醴泉不饮。于是鸱得腐鼠，鹓雏过之，仰而视之曰：'吓！'今子欲以子之梁国而吓我邪？"（《庄子·秋水》）

说鱼，也同样发生在庄子和惠子之间，是一段有名的论辩：庄子与惠子游于濠梁之上。庄子曰："鯈鱼出游从容，是鱼之乐也。"惠子曰："子非鱼，安知鱼之乐？"庄子曰："子非我，安知我不知鱼之乐？"惠子曰："我非子，固不知子矣；子固非鱼也，子之不知鱼之乐，全矣。"庄子曰："请循其本。子曰'汝安知鱼乐'云者，既已知吾知之而问我。我知之濠上也。"（《庄子·秋水》）

"运斤成风，最重其质"，说的是技术之纯熟，同时也说对手、搭档的重要性，而能作庄子对手搭档的人只有惠施一人而已。此典故出自《庄子·徐无鬼》：庄子送葬，过惠子之墓，顾谓从者曰："郢人垩慢其鼻端若蝇翼，使匠石斫之。匠石运斤成风，听而斫之，尽垩而鼻不伤，郢人立不失容。宋元君闻之，召匠石曰：'尝试为寡人为之。'匠石曰：'臣则尝能斫之。虽然，臣之质死久矣。'自夫子之死也，吾无以为质矣！吾无与言之矣。"有趣的故事，表达了深邃的哲理和深挚的情感。

"逐物不反，欲穷其密"，是就惠施的研究精神而言。庄子在《天下》中说惠施"弱于德，强于物"，"散于万物而不厌"，"逐万物而不反","遍为万物说",说明惠施重视对客观世界的研究,重视对自然的研究,颇具科学精神,与只研究社会政治伦理或只把研究停留于思维形式与规律者大不同。

在先秦九流十家中,名家是人们比较注意的,也是争议较多的。司马谈《论六家要指》说名家"苛察缴绕,使人不得反其意,专决于名而失人情"。庄子也说名家"饰人之心,易人之意,能胜人之口,不能服人之心"(《庄子·天下》)。大意都是说名家繁琐啰嗦,纠缠不清。事实上,哲学、逻辑学等专门学问,都免不了一定程度的苛察缴绕。牟宗三说:"苛察缴绕"的"苛"字,就是对着一般人的感觉、常识、见地而说的,因此这个"苛"不一定是坏。司马谈也承认名家有"控名责实,参伍不失"的好处。

名家有两派:一为"离坚白",一为"合同异"。惠施是"合同异"的代表人物。这一派注意到事物的普遍联系和不断发展,发现差异的相对性。但忽视事物的相对稳定性和质的差别性,忽视或未发现相对中寓有绝对的道理,因而否定差异的界限,认为一切对立都是无条件的同一,毕异的本是毕同的,走向了相对主义。《庄子·天下》记载了惠施等的十个论题,即后来人们所说的惠施十事,也叫历物之意:一、至大无外,谓之大一。至小无内,谓之小一;二、无厚不可积也,其可千里;三、天与地卑,山与泽平;四、日方中方睨,物方生方死;五、大同与小同异,此之谓小同异。万物毕同毕异,此之谓大同异;六、南方无穷而有穷;七、今日适越而昔来;八、连环可解也;九、我知天下之中央,燕之北,越之南是也;十、泛爱万物,天下一体也。

公孙龙赞第一一

拊不得白，视不得坚。石之坚白，各秉一天。

白马非马，总别相连。共性个性，内涵外延。

物有指无，二元论宣。唯乎彼此，始正名焉。

类同俱有，类异自偏。却逞诡辩，鸡足则三。

公孙龙（前320—前250），赵国人。战国时期名家的主要代表人物。名家以擅长论辩著称，亦称辩者，汉代学者将其与阴阳家、儒家、墨家、法家、道德家并列为六家。

名家在论辩中比较注意分析名词与概念的同异，重视名实关系，主要代表人物有尹文、惠施、公孙龙等，著作有《邓析子》、《尹文子》、《公孙龙子》、《惠子》等。除《公孙龙子》外，这些著作早已亡佚，现行之《邓析子》、《尹文子》均系伪作。名家分为"合同异"与"离坚白"两派。"合同异"的代表人物是惠施，"离坚白"的代表人物则是公孙龙。

"离坚白"派的得名系因为公孙龙创立的坚白相离的思想。他认为，石头"视不得其所坚而得其所白者，无坚也；拊不得其所白而得其所坚者，无白也"（《公孙龙子·坚白论》），据此，可见坚与白不能同时属于石头。于是，他认为，坚在与石结合前，一定是独立的坚，并且是藏着的；白在与石结合前，一定是独立的白，并且是藏着的。这样看来，坚和白是和石头相分离的独立自藏的精神实体。此即赞文所谓"拊不得白，视不得坚。石之坚白，各秉一天"。

公孙龙有白马论，即《庄子·齐物论》所说的"以马喻马之非马"。他先说白马非马，以白马比马多白色。若以白马为马，则白之实旷。他还怕人不明白，转换角度说，黄马非白马，这是人所共知的，如果我们认为白马是马，那么，黄马就非马了。而如果黄马非马，白马又怎么能是马呢？这样一来，黄马非马，白马非马，推开去，赤马、黑马亦非马，则马也就非马了。此过程即所谓以马喻马之非马。在公孙龙的体系中，非马与无马是不同的。他认为，天下虽无无色之马，却不能说无马，马必有色，所以，天下有白马、黄马。

有学者充分肯定公孙龙的理论，认为，公孙龙肯定黄马、黑马都是马，承认个别包含于一般，一般又存在于个别之中。还认为公孙龙强调白马与马的区别，同时从外延上肯定了马中包括白马，在内涵上肯定了白马中也有马形的共性，从而明确揭示了个别与一般的辩证关系。但也有学者不这样看，他们认为，公孙龙是一个客观唯心主义者，是一个割裂个别与一般的形而上学的诡辩家。

公孙龙还有指物论，实为白马论之结论，表现了他哲学思想的二元论倾向："物莫非指，而指非指。天下无指，物无可以谓物。非指者天下，而物可谓指乎？……指也者，天下之所无也；物也者，天下之所有也。以天下之所有为天下之所无，未可。"（《公孙龙子·指物论》）

公孙龙提出了"唯乎彼此"的正名理论，强调彼之名必须专指彼之实，此之名必须专指此之实，这样彼或此之名才能谓之名正。否则，彼此之名就不能成立。

在通变论中，公孙龙提出了类同必须俱有，类异必须不俱有，俱有不必同类，不俱有不必异类的分类思想。此即赞文所谓"类同俱有，类异自偏"。不过，他有时也采用了当时辩者常用的诡辩手法。他论"鸡三足"、"牛羊足五"曰："谓鸡足一，数足二；二而一，故三。谓牛羊足一，数足四；四而一，故五。"（《公孙龙子·通变论》)由于偷换、混淆概念，所以得出的结论也是荒谬的。

陈柱《诸子概论》言公孙龙之论旨甚明：马者世俗普通之名也，而龙则破之，以见马非马。坚白石，亦普通之名也，而龙则破之，以谓同时不能有坚白石。白马为马，此常识也，而龙则破之，以为白马非马。二物之相合为一，此常识也，而龙则破之，以为二不能一。总而言之，《白马》、《指物》二论，则离名实之连络；《通变论》，则离物质之连络；《坚白论》，则离智识之连络者也。皆用名学之方法，以树立其离义者也。故若公孙龙者，谓为名家之离宗，殆亦无不可也。庄子之论惠施云"以反人为术而欲以胜人为名"，可谓施、龙辈之定论，而其分析之精神，则实大类于科学家矣。

名家受重视，为各家所运用称道，因其既主论辩，也关乎治术。据《尹文子》说，名家正名，不外三个方面：一是命物之名，如方圆黑白，这是名之体；二是毁誉之名，如善恶贵贱；三是况谓之名，如贤愚爱憎。二与三是名之用。名家不论"离坚白"，还是"合同异"，当然有关于名之体，然而，要其主要目的，则在于名之用。这是针对当时在上位者对是非、得失不能合理评估的实际而发，目的是促使在上位者有所觉悟而合理地正其名实。后世往往以刑名法术并提，是因为各家都有关涉，而名家实为其联络纽带。至于有时过分葛藤，甚或流于诡辩，则确实是名家的弊端。

吕不韦赞第一二

奇货可居，嫡嗣成谋。传移花而接木，信顺水而推舟。于是相国权重，仲父主钦。集述吕览，一字千金。树道德之标的，式忠义之胸襟。乃能表里孔荀，骈驾刘扬。言纲纪则无为，执检格则公方。

吕不韦（前292—前235），卫国濮阳人。战国末年著名商人、政治家、思想家，官至秦国丞相。

赞文前四句说的是一个著名的故事。据《史记·吕不韦列传》记载，吕不韦于赵孝成王时在邯郸遇到在赵国做人质的秦公子异人，认为异人是"奇货"，可以持以作政治投机的资本，此所谓"奇货可居"。于是他先在经济上支持异人，并将与自己暗中同居、已经怀孕的赵姬让给异人为妻。此所谓"移花接木"。接着又买通秦昭王的太子安国君宠爱的华阳夫人，使华阳夫人认异人为儿子，后又帮助异人回国。秦昭王死后，安国君继位，为秦孝文王，立一年而卒，异人继位，是为秦庄襄王，以吕不韦为丞相，封文信侯，食邑河南洛阳十万户。庄襄王死后，赵姬所生的公子政立为王，封吕不韦为相国，号称"仲父"，专断朝政，门下有食客三千人，家僮万人。此所谓"嫡嗣成谋"，亦所谓"顺水推舟"。

钱穆说，诸子争鸣，至战国晚季而益烈，是非樊乱，议论百出。秦一统天下，学术随政治而转移，乃亦有渐趋统一之倾向。吕不韦主持编纂《吕氏春秋》，意在荟萃群言，牢笼众说，借政治之势力，定学术于一是。《吕氏春秋》又名《吕览》，有八览、六论、十二纪，共二十余万言，书成之日，"布咸阳市门，悬千金其上，延诸侯游士宾客，有能增损一字者予千金"。此所谓："相国权重，仲父主钦。集述吕览，一字千金。"

《吕氏春秋》汇合了先秦各派学说，"兼儒墨，合名法"，故史称"杂家"。汪中《述学·吕氏春秋叙》曰："周官失其职，而诸子之学以兴，各择一术以明其学，莫不持之有故，言之成理。

及比而同之，则仁之与义，敬之与和，犹水火之相反也。"汪中之言，甚为中肯。诸子之学兼兴，其中的矛盾错综复杂，有持兼爱的，就有持为我的；有尚礼的，就有尚法的；有尚争的，就有尚不争的。诸子之间，有对立的矛盾，也有多角度相对待相牵制之矛盾。有学派外部的矛盾，也有学派内部的分歧。这是争鸣之必然，也是当时思想解放的一项表征。汪中接着说："最后《吕氏春秋》出，则诸子之说兼有之。故《劝学》、《尊师》、《诬徒》（一作《诋役》）、《善学》（一作《用众》）四篇，皆教学之方，与《学记》表里。《大乐》、《侈乐》、《适音》、《古乐》、《音律》、《音初》、《制乐》皆论乐。《艺文志》言：'刘向校书，别得《乐记》二十三篇。'今《乐记》有其一篇，而其他篇名载在《别录》者，惟见于《正义》所引。按本书《适音篇》，《乐记》载之。疑刘向所得，亦有采及诸子，同于河间献王者。凡此诸篇，则《六艺》之遗文也。《十二纪》发明明堂礼，则明堂阴阳之学也。《贵生》、《情欲》、《尽数》、《审分》、《君臣》五篇，尚清净养生之术，则道家流也。《荡兵》（一作《用兵》）、《振乱》、《禁塞》、《怀宠》、《论威》、《简选》、《决胜》、《爱士》七篇，皆论兵，则兵权谋、形势二家也。《上农》、《任地》、《辨土》三篇，皆农桑树艺之事，则农家者流也。司马迁谓不韦使其客人人著所闻，以为备天地万物古今之事。然则是书之成，不出一人之手，故不名一家之学，而为后世《修文御览》、《华林遍略》之所托始。《艺文志》列之杂家，良有以也。"

因为《吕氏春秋》兼取诸家之说，期在备天地万物古今之事，故书中虽以儒家言为最多，然亦存道、墨、名、法、兵、农诸家之言。今诸家之书，以年湮代远，多所亡佚，即有传者，亦或非其真。欲考正义，反赖此书所存。要之，此书确实可珍可贵。

吕不韦执政时曾攻取周、赵、魏的土地，立三川、太原、河东郡，对秦王政兼并六国的事业有重大贡献。其进身虽不由正，然能行儒家之义，兴灭国继绝世、大赦罪人、修先王功臣、施德、厚骨肉，而布惠于民。有此数端，则其人可称。且其言行，多卓荦不群者。高似孙曰："始皇不好士，不韦则徕英茂，聚俊豪，簪履充庭，至以千计。始皇甚恶书也，不韦乃极简册，攻笔墨，采精录异，成一家言。"（《子略》）方孝孺称其书"诋訾时君为俗主，至数秦先王之过无所惮"。学者甚至认为《吕氏春秋》"立论甚纯，而不韦又能行之。使秦终相不韦，或能行德布化，以永其年，不至二世而亡，使天下苍生，亦蒙其荼毒，未可知也"。后吕不韦因嫪毐叛乱受牵连，被免去相国职务，出居河南封地。不久，秦王政复命其举家迁蜀，吕不韦担心被诛杀，饮鸩自尽。

吕思勉先生说，不韦之为人，固善恶不相掩，而其书则卓然可传；讥其失而忘其善，已不免一曲之见；因其人而废其书，则更耳食之流矣。

刘安赞第一三

封国淮南，作都寿春。承汉高之余泽，聚天下之异人。乃有八公响应，术士风从，追云挈电，吐气如虹。肆高下之讲论，总出入之融通。于时文富书成，鸿大烈明，言道儒则条贯，综诸家则义丰。

　　刘安（前179—前122），西汉著名思想家、文学家。系汉高祖刘邦之孙，淮南厉王刘长之子。汉文帝八年（前172），刘长被废，绝食而死。十六年，文帝把原来的淮南国一分为三，封给刘安兄弟三人，刘安以长子身份袭封为淮南王，都城在寿春，即今之安徽寿县。

　　刘安才思敏捷，雅好著作。赋性旷达，喜结宾客，曾"招致宾客方术之士数千人"，其中最得刘安赏识的是左吴、李尚、苏飞、田由、毛被、雷被、伍被、晋昌，即所谓"八公"者。刘安与宾客一起研究学理，撰作文章，观察天象，编制历法，冶丹炼沙，致世有传刘安竟与八公炼成仙丹，服食后得道成仙，白日飞升者。《太平寰宇记》载："昔淮南王与八公登山埋金于此，白日升天。余药在器，鸡犬舔之，皆仙。其处后皆现人马之迹，犹在，故山以八公为名。"此即世所谓"一人得道，鸡犬升天"也。得道升天事固属虚荒诞幻，然刘安集聚异人，倾心学术，广收博采，兼容并包，高下讲论，出入融通，善于观察，富于创造，自是事实。

　　刘安与宾客的研究撰作成果，集为《鸿烈》一书。后人称该书为《淮南鸿烈》或《淮南子》。是书包罗万象，既有史料价值，又有文学价值。《淮南子》高诱注谓刘安"与苏飞、李尚、左吴、田由、雷被、毛被、伍被、晋昌等八人，及诸儒大山、小山之徒，共讲论道德，总统仁义，而著此书。其旨近《老子》，淡泊无为，蹈虚守静，出入经道。言其大也，则焘天载地；说其细也，则沦于无垠，及古今治乱存亡祸福，世间诡异瑰奇之事。其义也著，其文也富。物事之类，无所不载。然其大较归之于道，号曰《鸿烈》。鸿，大也；烈，明也，以为大明道之言也。故夫学者不论《淮南》，则不知大道之深也。是以先贤通儒述作之士，莫不援采，以验经传"。

吕思勉先生《经子解题》说《淮南子》，见解甚深，其义略曰：《淮南》虽号杂家，然道家言实最多，其义亦主于道，故有谓此书实可称道家言者。予则谓儒、道二家哲学之说，本无大异同。盖以九流之学，同本于古代之哲学；而古代之哲学，又本于古代之宗教。故其流虽异，其源则同。儒家哲学，盖备于《易》，《易》亦以古代哲学为本。自《易》之大义亡，而儒家之哲学，不可得见。魏、晋以后，神仙家又窃儒、道二家公有之说，而自附于道。于是儒家哲学之说，与道家相类者，儒家遂不敢自有，悉举而归诸道家。稍一援引，即指为援儒入道矣。其实九流之学，流异原同。凡今所指为道家言者，十九固儒家所有之义也。魏晋间人谈玄者率以《易》、《老》并称，即其一证。河洛《图》、《书》之存于道家，亦其一证。明乎此，则知古代儒、道二家之哲学，存于神仙家，即后世之所谓道家书中者必甚多。果能就后世所谓道家之书，广为搜罗，精加别择，或能辑出今文《易》说，使千载湮沉之学，焕然复明，即道家之说，亦必有为今日所不知者。而古代哲学，亦因之而益彰也。

学者们普遍认为刘安所著书包罗万有，当得起杂家之称。《淮南子·要略》言："若刘氏之书，观天地之象，通古今之事，权事而立制，度形而施宜。原道之心，合三王之风，以储与扈冶。玄眇之中，精摇靡览，弃其畛契，斟其淑静，以统天下，理万物，应变化，通殊类。非循一迹之路，守一隅之指，拘系牵连之物而不与世推移也。故置之寻常而不塞，布之天下而不窕。"

《淮南子·原道训》言"道"，与老庄相似。其《俶真训》言宇宙境界，有本于庄子之《齐物》；其言政治，亦尚无为，然并非全与老庄相合。如其言不法先王，有类庄子；言变法，有类李斯、韩非；言民本，有类孟子；言神仙与天人感应，则有类于阴阳。宜乎人们以之为各派学术思想之混合。现在我们把《俶真训》言宇宙终始有无之论引在下面，以其特有境界，亦能见出《淮南子》之文章风格："有始者，有未始有有始者，有未始有夫未始有有始者。有有者，有无者，有未始有有无者，有未始有夫未始有有无者。所谓有始者，繁愤未发，萌兆牙蘖，未有形埒垠堮，无无蠕蠕，将欲生兴，而未成物类。有未始有有始者，天气始下，地气始上，阴阳错合，相与优游竞畅于宇宙之间，被德含和，缤纷茏苁，欲与物接而未成兆朕。有未始有夫未始有有始者，天含和而未降，地怀气而未扬，虚无寂寞，萧条霄霿，无有仿佛，气遂而大通冥冥者也。有有者，言万物掺落，根茎枝叶，青葱苓茏，萑蔰炫煌，蠉飞蠕动，蚑行哙息，可切循把握而有数量。有无者，视之不见其形，听之不闻其声，扪之不可得也，望之不可极也，储与扈冶，浩浩瀚瀚，不可隐仪揆度而通光耀者。有未始有有无者，包裹天地，陶冶万物，大通混冥，深闳广大，不可为外，析豪剖芒，不可为内，无环堵之宇，而生有无之根。有未始有夫未始有有无者，天地未剖，阴阳未判，四时未分，万物未生，汪然平静，寂然清澄，莫见其形。若光耀之间于无有，退而自失也，曰：'予能有无，而未能无无也。及其为无无，至妙何从及此哉！'"

董仲舒赞第一四

贤良对策，孔学推明。举百家而抑黜，倡儒术而独行。至于天地气合，阴阳判分，四时迭乘，三统转轮。证天人之相感，理纲纪之卑尊。由是天道运连，事志本原。损其欲而情缀，神其教而化宣。

董仲舒（前179—前104），广川（今河北省景县）人。汉代政治家、教育家、思想家。

汉初，黄老之学特盛，儒家势力衰微，让避退处。黄老之学，系由阴阳家的五行终始与道家的天道观念、清静无为、自然主义糅合而成，以其托古改制，将远古的黄帝与老子合称，故名黄老。黄老之学始于六国之末，成于秦汉之际，大盛于文景之时。其大盛之因，乃以汉兴，大乱方已，天下既定，民亡殆尽，民生凋敝，统治者因应形势，与民休息，慈俭为宗，崇尚无为故也。汉武帝元光元年（前134），下诏征求治国方略。董仲舒在其著名的《举贤良对策》中，系统提出了天人感应、大一统学说和"罢黜百家，独尊儒术"的主张，得到了汉武帝的支持，将儒家定为一尊。当然，这次儒家能定于一尊，也是由当时的局势决定的。当时帝国一统，国势渐振，家给人足，窦太后已死，武安侯田蚡作丞相，绌黄老刑名百家之言，武帝即位，正届有为之时，所以因董仲舒之言而黜退黄老，摒弃无为，力崇儒术。

董仲舒所持之儒家学说，实际上是以《公羊春秋》为依据，结合周代以来的宗教天道观和阴阳五行学说，同时吸纳法家、道家等诸家思想而建立的新的思想体系。这个体系系统回答了当时社会的哲学、政治、社会、历史问题，成为汉代的官方统治思想，影响深而且远。

董仲舒学说的基础是天。在他的体系中，天是最高的哲学概念，是万物之本。天是人格神，是有意志、有知觉，具有道德属性、能主宰人世命运的，且是百神之大君，是最高之神。道本于天，天人感应故天人相类、天人相副，王者为天所命，天之瑞祥为受命之符，王者以天为法而奉戴天意。

董仲舒在其《春秋繁露·五行相生》中说："天地之气，合而为一，分为阴阳，判为四时，列为五行。"在《雨雹对》中说："天地之气，阴阳相半，和气周回，朝夕不息"，"运动抑扬，更相动薄，则薰蒿歊蒸，而风雨云雾雷电雪雹生焉"。董仲舒在这里建立了一个以阴阳五行为基础的宇宙图式：阴阳、四时、五行均由气分化而成，种种自然变化均是阴阳二气相互作用的结果，而这些又是天的情感和道德意识、目的的体现。

董仲舒从天不变道亦不变的思想出发，把儒学神学化，为封建社会建立了纲常名教的信条，为封建制度提供了理论根据。他认为，历史按照赤、黑、白三统不断循环，新王受命，必据此三统，改正朔，易服色，所谓新王必改制，然而，封建社会的根本原则不能改变："大纲人伦、道理、政治、教化、习俗、文义尽如故"，所谓"王者有改制之名，无易道之实"（《春秋繁露·楚庄王》）。

董仲舒有自己的人性理论，这理论建立在天人感应的基础上，建立在天人相副的基础上。他认为，天按照自己的意志创造人，人的性情禀受于天，人是宇宙的中心。"天地之精所以生物者，莫贵于人"，"天两有阴阳之施，身亦两有贪仁之性"，要须"循三纲五纪，通八端之礼，忠信而博爱，敦厚而好礼"（《春秋繁露·深察名号》）。他将性分为三品：圣人之性是善性；下愚者之性是斗筲之性；圣人之性与斗筲之性都不可名性，只有中民之性才可名性。被统治者大多为中民之性，需要加强教育，予以提升。

此即赞文所说的："证天人之相感,理纲纪之卑尊。"

董仲舒继承先秦孔孟的义利观,提出了"正其道不谋其利,修其理不急其功"的主张,强调义重于利。在志与功上,他强调志,认为动机不善就可以惩罚,不必待到事实出现,即所谓"本其事而原其志。志邪者不待成"。

董仲舒的伦理思想体系以"三纲"、"五常"为核心,以天人感应和阴阳五行说为理论基础。这是通过对先秦儒家的伦理思想进行理论概括和神学改造形成的。他认为,道德是天意、天志的表现,君臣、父子、夫妇之义,皆取诸阴阳之道。阳贵而阴贱,是天之志。他把人性看成是人受命于天的资质,而认为人性包括性与情两个方面,性表现于外则是仁,可以产生善;情表现于外则是贪,可以产生恶。因此,一方面,必须以性控御情,"损其欲而辍其情以应天";另一方面,也要认识到,人之性虽然体现了天,可以生善,但这只是可能性,还必须经过圣人的道德教化然后方可为善,还必须以道德教化之堤防,防止奸邪并出。

董仲舒把儒学神学化,为封建社会建立了纲常名教信条,为封建制度提供了理论根据,符合当时封建中央集权的需要,在历史上曾起过积极而巨大之作用,因此被认为是当时之"群儒首"。但是,随着封建制度的没落,随着封建地主阶级趋于保守,他的哲学神学理论越来越成为社会发展的阻力。他的思想体系,越来越显得落后陈旧,而他的思想观念,诸如他的"政权、族权、神权、夫权"思想等等,也成为精神枷锁,给人们带来十分巨大的灾难。

王充赞第一五

天地合气，人物偶生。若鱼龙之于渊，犹血脉之自荣。乃知文王当兴，赤雀适来。以心原物，应世遣怀。明后朝之居上，认常习之为佳。此时分析诸瑞，衡论万端。破谶纬而正义，诘上圣而宣言。

王充（27—97），字仲任。会稽上虞人。东汉唯物主义哲学家。他继承发展了扬雄、桓谭的唯物主义无神论，批判否定了汉代流行的天人感应论和谶纬之学，成为当时之卓卓大家。有《论衡》传世。

王充为人有特点。《论衡·自纪》曰："才高而不尚苟作，口辩而不好谈对，非其人，终日不言。其论说始若诡于众，极听其终，众乃是之。以笔著文，亦如此焉。……淫读古文，甘闻异言。世书俗说，多所不安，幽居独处，考论实虚。"《论衡》一书，既系因对于世书俗说多所不安，于是幽居独处，考论实虚而作。

在《论衡》中，王充以元气为始基，建立起完整的哲学体系。

王充认为，万物生成，皆由于气。《言毒》曰："万物之生，皆禀元气。"《自然》曰："夫天覆于上，地偃于下，下气烝上，上气降下，万物自生其中间矣。"然而，此气有阴阳之分。《订鬼》曰："夫人所以生者，阴阳气也。阴气主为骨肉，阳气主为精神。"其说阴阳，一本于《易》，人与物一。然而，人与物有无分别？有。人有智慧，他物则无。《辨祟》曰："夫倮虫三百六十，人为之长。人，物也，万物之中有知慧者也。"至于人有无贤愚？有。禀气多寡，贤愚判焉。《自然》曰："至德纯渥之人，禀天气多，故能则天，自然无为。禀气薄少，不遵道德，不似天地，故曰不肖。""天地为炉，造化为工，禀气不一，安能皆贤？"

他说天生万物，全系自然，这真与老子之说相似。无怪有人说，王充是廓清两汉迷信之说的战士，而王充的思想，则接近老子。《物势》曰："儒者论曰：'天地故生人。'此言妄也。夫天地合气，人偶自生也，犹夫妇合气，子则自生也。夫妇合气，非当时欲得生子，情欲动而合，合而生子矣。且夫妇不故生子，以知天地不故生人也。然则人生于天地也，犹鱼之于渊，虮虱之于人也，固气而生，种类相产。万物生天地之间，皆一实也。……夫天不能故生人，则其生万物，亦不能故也。天地合气，物偶自生矣。"他还否定鬼神，认为，人之所以生者，精气也，能为精气者，血脉也。人死血脉竭，竭而精气灭，灭而形体朽，朽而成灰土。何用为鬼？

由于祥瑞之说是谶纬神学的主要论据，王充指出，祥瑞应验之说完全违背天道自然无为的原则。祥瑞即使出现，也只是一种巧合。他说："文王当兴，赤雀适来；鱼跃鸟飞，武王偶见，非天使雀至、白鱼来也。"（《论衡·初禀》）

在认识论上，王充不但重视实知、效验，同时，更进一步提出认识不能停留在感觉经验阶段，而应该以心原物。他说："墨议不以心而原物，苟信闻见，则虽效验章明，犹为失实。"（《论衡·薄葬》）这里说的以心原物，就是要用理性思维去辨别、校正感性经验，并加以深化提高。

王充主张应世遭怀，反对崇古非今，主张"汉高于周"，后起的朝代比以往的朝代进步，后来居上。并且主张从人民的经济生活出发来论证道德之高下兴废。

王充认为性有善恶，除前面已经述及者外，还有论说："酆文茂记，繁如荣华，恢谐剧谈，甘如饴蜜，未必得实。实者，人性有善有恶，犹人才有高有下也。高不可下，下不可高。谓性无善恶，是谓人才无高下也。禀性受命，同一实也。命有贵贱，性有善恶。谓性无善恶，是谓人命无贵贱也。"（《论衡·本性》）但他也承认后天教育对人的性行之决定作用，认为人性是可以通过教育改变的。习恶为恶，习善为善。他反对生而知之，认为学可以反情治性，尽材成德。"其善者，固自善矣；其恶者，故可教告率勉，使之为善"。"人之性，善可变为恶，恶可变为善"。"'尧、舜之民，可比屋而封；桀、纣之民，可比屋而诛。'……竟在化，不在性也"（《论衡·率性》）。

王充的一个显著特点是敢于论列诸事，而不以圣贤之是非为是非。他的《论衡》分析诸瑞，衡论万端，不惟破除谶纬，宣扬正见，而且敢于在《问孔》、《刺孟》诸篇中，怀疑圣贤，质疑圣贤。王充认为圣贤是人不是神，言行也并非全部正确。他从《论语》中择出十多条，以证孔子之矛盾。他对孟子的天命思想大加抨击，认为孟子的"五百年必有王者兴"和"如欲平治天下，舍我其谁也"的说法是迷信，是经不起考验的。这种诘责上圣，坚持真知的做法，令人钦敬。章太炎先生特别推崇这种精神，他说王充"作为《论衡》，趣以正虚妄，审向背。怀疑之论，分析百端。有所发擿，不避上圣。汉得一人焉，足以振耻"（《检论·学变》），不但是有感之言，更是千古中肯之论。以此足见，史上之精金美玉，即使年湮代远，风雨剥蚀，亦自具其不朽之光英。

何晏赞第一六

少年才秀，傅粉乘车。举聃周以当路，与尼父而争驱。语云有之为有，视无以生。事而为事，由无以成。纵逍遥于虚幻，积财货于实盈。乃有鸿飞太清，蓬转浮萍。欲随缘以从流，奈入世以惕惊。

何晏（190—249），字平叔。南阳人。三国时期魏国思想家，魏晋玄学的代表人物，贵无论的创始人。

玄学崇尚老庄，研究幽深玄远的问题，称《老子》、《庄子》、《周易》为"三玄"，而以《老子》、《庄子》为玄宗。玄学在魏晋时期产生并发展为统治思潮并非偶然。从社会根源看，玄学是应运而生的。东汉末年，儒学衰落，烦琐的经注使经学不得要领，粗糙的神学又往往破绽百出，玄学则以简约精致的思辨，继承了汉儒崇尊孔子的政治思想，抛弃了天人感应的神学目的论，以改造过的老庄哲学对儒家名教作出新的论证，调和儒道，弥补了汉代儒学之不足。从思想根源看，玄学是道家思想黄老之学演变发展的产物。两汉时期，除儒学外，道家与黄老之学也得到了一定的发展，即使独尊儒术之后，道家思想也并未完全消逝，而是作为官方儒学的反对派继续得到发展。汉代的道家思想，要而言之，有两个特点：一是崇尚自然无为；一是维护名教，即维护尊卑上下秩序。而魏晋玄学正是调和儒道，用道家的自然无为之说，论证尊卑贵贱等级，进行所谓自然、名教之辩。不过，魏晋玄学的一个直接来源是汉末魏初的清谈，而清谈与玄学，一旦共生，则相互间的推动促进作用更不可忽视。学者们所公认的魏晋玄学特点是：以"三玄"为研究对象，以辩证有无问题为中心，以探究世界本体为其哲学之基本内容，以解决名教与自然的关系为其哲学目的，以得意忘言为方法，以辨名析理为其哲学的思维形式。

曹操作司空时，纳何晏母尹氏为夫人。晏长于宫省，见宠如公子，又尚公主，少以才秀知名，无所顾惮。《世说新语·容止》

记其容仪佳美，曰："何平叔美姿仪，面至白。魏明帝疑其傅粉，正夏月，与热汤饼。既啖，大汗出，以朱衣自拭，色转皎然。"

《文心雕龙·论说》云："魏之初霸，术兼名法。傅嘏、王粲，校练名理。迄至正始，务欲守文；何晏之徒，始盛玄论。于是聃周当路，与尼父争涂矣。详观兰石之《才性》，仲宣之《去伐》，叔夜之《辨声》，太初之《本无》，辅嗣之'两例'，平叔之'二论'，并师心独见，锋颖精密，盖人伦之英也。"此即"举聃周以当路，与尼父而争驱"的出处。

《晋书·王衍传》曰："魏正始中，何晏、王弼等祖述老庄，立论以为：'天地万物皆以无为本。无也者，开物成务，无往不存者也。阴阳恃以化生，万物恃以成形，贤者恃以成德，不肖恃以免身。故无之为用，无爵而贵矣。'"学者认为，老庄盛行自此始。之后，六经中除《易》以外，尽皆束阁不观，而学者群趋于《老》、《易》。何晏在其《道论》中明确表示："有之为有，恃无以生；事而为事，由无以成。""无"是何晏对《老子》、《论语》中"道"的理解。他认为，天地万物都是"有所有"，而道则是"无所有"，是"不可体"的。因此，无语、无名、无形、无声是"道之全"。

何晏尚清谈，然其于世事亦未尝遗落。他曾说："善为国者必先治其身，治其身者慎其所习。所习正则其身正，其身正则不令而行；所习不正则其身不正，其身不正则虽令不从。是故为人君者，所与游必择正人，所观览必察正象，放郑声而弗听，远佞人而弗近，然后邪心不生而正道可弘也。"（《三国志·魏书·三少帝纪》）

何晏在思想上重"自然"而轻"名教"，思致逍遥。然而，历史上则有人说何晏贪财货，曾割洛阳和野王典农的数百顷桑田和汤沐地作为自己的产业，亦曾窃取官物，并向其他州郡索取要求，其行为与所持学说多相乖违。当时名士傅嘏更说他"言远而情近，好辩而无诚，所谓利口覆邦国之人也"（《资治通鉴》卷七十六）。

不过，学者多有为何晏正诬者。王夫之说："史称何晏依势用事，附会者升进，违忤者罢退，傅嘏讥晏外静内躁，皆司马氏之徒，党邪丑正，加之不令之名耳。……何晏、夏侯玄、李丰之死，皆司马氏欲篡而杀之也。而史敘时论之讥非，以文致其可杀之罪，千秋安得有定论哉？"（《读通鉴论》卷十）李慈铭也针对傅嘏虚构事实，对何晏进行攻击的情况，指出："按夏侯重德，平叔名儒，嘏于是时名位未显，何至内交见拒，且烦奉倩为言？……然太初名德，终著古今，不能相累。平叔《论语》，永列学官，以视嘏辈，直蜉蝣耳。""平叔《论语》，永列学官"，是说何晏撰写《论语集解》之成就。自何晏撰成《论语集解》后，为其作义疏者代不乏人。南朝梁皇侃撰成《论语义疏》。北宋邢昺改作为《论语注疏》，后收入《十三经注疏》。余嘉锡亦曰："何晏为正始名士，虽与王弼鼓扇虚浮，不为无罪，而其死要为不幸，亦非嘏、玄兄弟所得而议也。"（《世说新语笺疏》）

何晏有《言志诗》："鸿鹄比翼游，群飞戏太清。常恐天网罗，忧祸一旦并。岂若集五湖，从流唼浮萍。逍遥放志意，何为怵惕惊。转蓬去其根，流飘从风移。茫茫四海涂，悠悠焉可弥。愿为浮萍草，托身寄清池。且以乐今日，其后非所知。"颇能表现其志向与心情。

　　玄学在中国思想史上独占一个重要时期。人们说起来，始终把玄学与前此的先秦诸子、两汉经学，后此的隋唐佛学、宋明理学、清代朴学相提并论。不过，一些人对于玄学或不肯深究底里，或不予置评，或予以否定。其实，作为一个时期学术思潮的代表，玄学的积极意义非常明显。比如以谈玄反对儒家经学，以简易的哲理反对烦琐章句，以自然无神论反对谶纬神学与佛教有神论，以私学反对官学，等等皆是，要亦不当忽略。

嵇康赞第一七

风仪淳美，词气尤佳。发卜疑以龙章，起清音以玉阶。观夫搥铁洛邑，灌园山阳，方来此会，正锻彼康。远眺外于八纮，高标极于九荒。至若受刑市东，神色从容。太学生其心折，广陵散其曲终。

嵇康（224—263），字叔夜。谯郡铚县(今安徽省濉溪县)人。三国时期魏国文学家、思想家。

嵇康是竹林七贤之一，是玄学、清谈家的代表。关于清谈，钱穆《国学概论》说之甚悉："东汉之季，士厌于经生章句之学，四方学者，荟萃京师，渐开游谈之风。至于魏世，遂有清谈之目。及正始之际，而蔚成风尚。何晏、王弼为时宗师，竹林诸贤，闻声继起。至于王衍、乐广，流风愈畅。典午既东，此风盛于江左，习尚相沿，直至隋业一统，始见革除。此三百年间之风气，自古学者，率致轻蔑之意，且盛加非难，甚则以谓乃五胡之乱所由兴焉。虽间有持平之论，然于当时三百年学术风尚主要精神所在，则未见有为之抉发者。是毁誉抑扬，要为不得其真也。盖凡一时代之学术风尚，必有其一种特殊之精神，与他一时代迥然不同者。必明乎此，而后可以推阐其承先启后之迹，与其功罪得失之所在也。余尝谓先秦诸子，自孔子至于李斯，三百年学术思想，一言以蔽之，为'平民阶级之觉醒'。今魏晋南朝三百年学术思想，亦可以一言以蔽之，曰'个人自我之觉醒'是已。""今举当时风会所趋，言论行事，倾动一世，后人所目为清谈家派数者，一以自我觉醒之一语观之，即可以得其真精神之所在，而知我言之不诬也"。

嵇康祖上姓奚，本为会稽上虞人，因为避怨，迁徙到谯国铚县。铚县有嵇山，嵇氏乃居于其侧，于是以山命氏。嵇康的兄长嵇喜，有当世才，历官太仆、宗正。嵇康早孤，才气超迈，磊落不群。《晋书·嵇康传》载其"身长七尺八寸，美词气，有风仪，而土木形骸，不自藻饰，人以为龙章凤姿，天质自然。恬静寡欲，含垢匿瑕，宽简有大量"。嵇康禀赋过人，学不师受，博学通览，无不该通，既长，好《老》、《庄》，每具新见异解。既能谈哲理，又善于作诗文，高情远趣，率然玄远。居常修养性服食之事，咏诗弹琴，适性自足。婚于魏宗室，拜中散大夫。

嵇康曾仿楚辞《卜居》作《卜疑》，以质疑的方式申述理想，批评当时社会，表现深入的思考和思想的阵痛。其中亦表现出作者的自我肯定的气格与精神："吾闻至人不相，达人不卜。若先生者，文明在中，见素表璞。内不愧心，外不负俗；交不为利，仕不谋禄。鉴乎古今，涤情荡欲。夫如是，吕梁可以游，汤谷可以浴。方将观大鹏于南溟，又何忧于人间之委曲！"

嵇康曾为上古以来高士作传赞，扬言欲友其人于千载。友人向秀，对嵇康特别好，对其他朋友也特别好。嵇康打铁，他便陪着打铁；吕安灌园，他便陪着灌园。奔走于洛邑、山阳之间，不觉其苦，唯觉其乐。然而，与嵇康来往的人并非都如向秀，朋友也不都是好的。嵇康正是被他所谓的朋友害死的。

钟会是书法家钟繇的儿子，博学多能，精有才理，对嵇康素来景仰敬畏。据说，他写完了《四本论》，想给嵇康看一看，又缺乏自信，于是走到嵇康家门外，把所著之书远远地从外面扔进去，扭头便跑。《世说新语·简傲》记载：钟会曾邀约当时贤俊之士，一起去拜访嵇康。康方大树下锻，向子期为佐鼓排。康扬槌不辍，傍若无人，移时不交一言。钟起去，康曰："何所闻而来？何所见而去？"钟曰："闻所闻而来，见所见而去。"这件事情，这个场景，颇见嵇康性格，至今仍被作为佳话流传。史载钟会因此事而衔恨于心。此事也成了嵇康被害的原因之一。

嵇康有两个吕姓朋友，是亲兄弟。兄吕巽，弟吕安。吕安之妻貌美，被吕巽迷奸。吕安欲状告吕巽。嵇康劝吕安不要揭发家丑，以全门第清誉。然而吕巽却害怕报复，竟反诬告吕安不孝，官府收捕吕安。嵇康出于义愤，出面为吕安作证，触怒了司马昭。

钟会本来就在侦伺机会，此时则乘间向司马昭说嵇康的坏话。他先说嵇康不是等闲人物，是一条卧龙，不可给他机会，不能起用他。若一旦起用，恐其有异图。并且说，司马昭此时不用担心天下，应该以嵇康为虑。接着说嵇康曾经想帮助谋反的毋丘俭，幸亏山涛阻之。最后说嵇康害时乱教："昔齐戮华士，鲁诛少正卯，诚以害时乱教，故圣贤去之。康、安等言论放荡，非毁典谟，帝王者所不宜容，宜因衅除之以淳风俗。"（《晋书·嵇康传》）当时司马昭正宠信钟会，于是处死了嵇康、吕安。

对于嵇康之死，海内知者，天下士人，均十分痛心。司马昭后来明白过来，也感到非常遗憾。

谢万评价嵇康说："邈矣先生，英标秀上。希巢洗心，拟庄托相。乃放乃逸，迈兹俗网。钟期不存，奇音谁赏。"此真有若我们的赞文所言"远眺外于八纮，高标极于九荒"者。

《晋书·嵇康传》载："康将刑东市，太学生三千人请以为师，弗许。康顾视日影，索琴弹之，曰：'昔袁孝尼尝从吾学《广陵散》，吾每靳固之，《广陵散》于今绝矣！'时年四十。"

据说，当初嵇康曾往游洛西，晚间住在华阳亭，弹琴自娱。半夜时分，忽有客来访，自称是古人。其人与嵇康一起讨论音律诸事，言辞清妙通达。言谈之次，取嵇康琴弹奏起来，声调高妙，绝类离伦。嵇康询知其曲为《广陵散》，客人遂将此曲传授给嵇康，并命嵇康发誓，不得传授他人。客亦不言其姓字。

嵇康"轻贱唐虞而笑大禹"，"非汤武而薄孔孟"，"俯仰自得，游心太玄"，倡言："老子、庄周，吾之师也。"他的思想核心是"越名教而任自然"，"审贵贱而通物情"。提倡心无措乎是非，而行不违乎道。他说的任自然，就是值心而言，触行而行，言无不是，事无不吉。寄胸怀于八荒，垂坦荡以永日。在《与山巨源绝交书》中，他说自己："性复疏懒，筋驽肉缓，头面常一月十五日不洗，不大闷痒，不能沐也。每常小便而忍不起，令胞中略转乃起耳。又纵逸来久，情意傲散，简与礼相背，懒与慢相成。"他这样的行动与习惯，虽有可怪处，然正可取以为其主张之注解。

阮籍赞第一八

行危心愤，旨远道忠。驾疲牛以路远，肆长哭以途穷。方其身登广武，情寄八荒。太息深唱，猛志徒扬。悟万物其自然，恣吾性其徜徉。是以饮酒放歌，形颓颜酡。以夷奇之素愿，守达庄之高峨。

阮籍（210—263），字嗣宗。陈留尉氏人。三国时期魏国思想家、文学家。竹林七贤之首。

关于阮籍的故事，我们读到、听到的较多。人们都说他是一个清谈大家，一个特别有才的人，一个特别有趣味的人，也是一个骄傲的人，一个不与权贵合作而又善于经营、保护自己的人。阮籍的一大特点是"行危心愤，旨远道忠"。这有《晋书·阮籍传》中的记载可证："籍容貌瑰杰，志气宏放，傲然独得，任性不羁，而喜怒不形于色。或闭户视书，累月不出；或登临山水，经日忘归。博览群籍，尤好《庄》、《老》。嗜酒能啸，善弹琴。当其得意，忽忘形骸。时人多谓之痴，惟族兄文业每叹服之，以为胜己，由是咸共称异。""籍本有济世志，属魏、晋之际，天下多故，名士少有全者，籍由是不与世事，遂酣饮为常"。"籍虽不拘礼教，然发言玄远，口不臧否人物"。

阮籍本人表面上放浪自甘，表面上口不臧否人物，实则痛苦抑塞，无可告语，所谓一腔悲愤无说处。史载其"时率意独驾，不由径路，车迹所穷，辄恸哭而反"（《晋书·阮籍传》）。此即所谓"阮籍猖狂"，"穷途之哭"。也就是我们赞语所说的"驾疲牛以路远，肆长哭以途穷"。

历史上的英雄人物，均有过人的才智胆识，也有充分的自我肯定的胸襟与气象。他们平时于人前往往不表露，不张扬，哪怕到了一定分际，仍旧欲说还休，欲说还休，百折千回，强自抑制。然而一旦登高临远，独立苍茫，一旦受到时空境界的触发，豪情胜概便勃然而兴。阮籍尝登广武，观楚、汉战处，叹曰："时无英雄,使竖子成名乎!"登武牢山,望京邑而叹,于是赋《豪杰诗》。可见上上英雄人物最是登高临远不得。阮籍诗集中并无以《豪杰诗》命名者。有学者认为,其《咏怀》诗中之《壮士何慷慨》和《炎光延万里》不同于《咏怀诗》总体发言玄远、意旨遥深的特点,且这两首诗反映着同一主题,即报效国家,兼济天下,可能就是本传里所说的《豪杰诗》。此吾赞文中"方其身登广武,情寄八荒。太息深喟,猛志徒扬"所由发。

阮籍思想的特色之一是其自然观。在他看来,天地自然而然自己生成,万物由天地所生,道是本原。道者法自然而为化。侯王能守之,万物将自化。自然界与万物相互联系,和谐一致。人的形体与精神也都是自然界的产物:"人生天地之中,体自然之形。身者,阴阳之精气也;性者,五行之正性也;情者,游魂之变欲也;神者,天地之所以驭者也。"(《达庄论》)于是,他认为,理想的人格应是恬于生而静于死,与阴阳化而不易,从天地变而不移,也即完全因任自然,与自然同体。他甚至认为,生死为一贯,是非为一条,不要去分辨是非与生死。

阮籍对于名教与自然关系的看法,有两种不同的倾向:《乐论》、《通老论》、《通易论》认为名教与自然没有矛盾;《达庄论》、《大人先生传》则认为名教与自然不能调和。他认为,儒家学说制定名分、分别彼此,是"分处之教",违背了天地万物自然一体之理。古代自然社会无君而庶物定,无臣而万事理。有了君臣、名教、道德之后,就不一样了:君立而虐兴,臣设而贼生。他谴责统治者竭天下万物之至,以奉声色无穷之欲,并且直斥虚伪的礼法之士是裈中之虱,而礼法则是天下残贼乱危死亡之术。
"独不见夫虱之处于裈中,逃乎深缝,匿乎坏絮,自以为吉宅也。
行不敢离缝际,动不敢出裈裆,自以为得绳墨也。饥则啮人,自以
为无穷食也。然炎丘火流,焦邑灭都,群虱死于裈中而不能出。汝
君子之处区内,亦何异夫虱之处裈中乎?⋯⋯今汝尊贤以相高,竞
能以相尚,争势以相君,宠贵以相加,趋天下以趣之,此所以上下
相残也。竭天地万物之至,以奉声色无穷之欲,此非所以养百姓
也。于是惧民之知其然,故重赏以喜之,严刑以威之。财匮而赏不
供,刑尽而罚不行,乃始有亡国、戮君、溃败之祸。此非汝君子之
为乎?汝君子之礼法,诚天下残贼、乱危、死亡之术耳!而乃目以
为美行不易之道,不亦过乎!"(《阮籍集》卷上《大人先生传》)

　　阮籍恣情放任,纵酒放浪,看若痴狂而遗落时事,实则乃其
自我纵逸,系逃避礼法、逃避世俗禁网之手段。见王昶,终日不交
一言;曹爽召,竟以疾辞;文帝欲为武帝求婚于籍,籍醉六十日,不
得言而止;钟会数以时事问之,欲因其可否而致之罪,皆以酣醉获
免;帝让九锡,公卿将劝进,使籍为其辞。籍沈醉忘作,临诣府,使
取之,见籍方据案醉眠。使者以告,籍便书案,使写之,无所改窜。
此即赞文所谓"饮酒放歌,形颓颜酡。以夷奇之素愿,守达庄之高
峨"。至其雅善长啸,能作青白眼,醉卧邻家垆畔,哭兵家女,外坦
荡而内淳至,是皆放达有味,有所寄托而然,既不同于一般酸腐之
士、礼法之士,亦与后之专务玄谈、放诞不羁者有别。

　　人言阮籍"志在济世,而迹落穷途;情伤一时,而心存百
代",此语真可谓阮嗣宗的知音。

王弼赞第一九

王郎卓出，正始风玄。开清谈之雅尚，解易老之奥观。至其义离象数，理重言思。汉儒排击，新学渐滋。奉三经以为本，执一御而致知。于是无道始生，本末明冥。雷风运以寂止，侯王静以功成。

王弼（226—249），字辅嗣。山阳人。三国时期魏国思想家、哲学家。

所谓"王郎卓出"，既指其外表，亦指其内蕴。史载，东汉末年大乱，王弼的祖父王凯避乱荆州，荆州牧刘表因为王凯有风貌，以女嫁之。王凯生王业，王业生王弼。刘表名列汉末"八俊"，王弼是其曾外孙，而王弼的五世祖王畅亦在"八俊"中。王弼之家学条件与气度风仪可以想见。此言其外。至其少时内在修为学养，则亦见诸史乘：王弼"幼而察慧，年十余，好老氏，通辩能言"。他与当时许多清谈名士辩论问题，"当其所得，莫能夺也"。何晏说他："仲尼称后生可畏，若斯人者，可与言天人之际乎！"（《三国志·魏书·王毌丘诸葛邓钟传注》）

王弼与何晏齐名，是玄学开创时期的代表人物、贵无论的开创者之一。主张儒道合同，援老释儒。《晋书·王衍传》曰："魏正始中，何晏、王弼等祖述《老》、《庄》，立论以为：'天地万物皆以无为本。无也者，开物成务，无往不存者也。阴阳恃以化生，万物恃以成形，贤者恃以成德，不肖恃以免身。故无之为用，无爵而贵矣。'"《老》、《庄》盛行自此始，即此之后，学者群趋于《老》、《易》。魏晋玄学发端于正始年间，玄言清谈亦始于正始年间。两者结合，即所谓正始玄风或正始之音，亦吾所谓"正始风玄"。而清谈是当时雅尚，玄学是内容结果，指向皆是《老》、《庄》、《易》三玄奥微处。

王弼英年早逝，著作甚丰。其《老子注》、《老子指略》、《周易注》、《周易略例》、《论语释疑》、《周易大衍论》、《周易穷微论》、《易辩》，言真理到，富于创获，而尤以易学研究为最。他一改汉人用象数解《易》的支离烦琐之法，用《老子》解《易》，变象数之学为思辨哲学。并以老庄思想为主，加入自己的哲学观点，建立了体系完备、内容深奥、抽象思辨的玄学哲学。此即赞文所谓"义离象数，理重言思"。

易学玄学化，抛弃费氏经说，尽扫先秦、两汉易学研究之迂腐风气，不仅是易学研究史上的一次飞跃，而且对中国思想史也产生了深远的影响，所以有学者说，这种批判性的研究，在哲学史上奏出了时代的最强音。《四库全书总目提要·周易正义》云："《易》本卜筮之书，故末派浸流于谶纬。王弼乘其极敝而攻之，遂能排击汉儒，自标新学。"此即赞文所谓"汉儒排击，新学渐滋"。

赞文言"奉三经以为本，执一御而致知"，一以王弼的思想基础是《老子》、《庄子》、《周易》为言；一以其方法论中有与无、动与静、一与多等对立统一概念的运用以及对其关系的阐释为言。王弼用一多关系论证"以寡治众"、"执一御众"，从而说明"以君御民"的合理性和必然性，过程严密完整："万物万形，其归一也。何由致一？由于无也。由无乃一，一可谓无。"（《老子注》）既然"一"可谓"无"，是万物的本源和归宿，于是："一，数之始而物之极也。各是一物之生，所以为主也。"（《老子注》）一和多就是主从关系。那么："宗，万物之主也；君，万事之主也。""故万物之生，吾知其主，虽有万形，冲气一焉。百姓有心，殊国异风，而王侯得一者主焉。以一为主，一何可舍"（《老子注》）。既然"以一为主"是宇宙间的"必由之理"，那么，民必然要统一于君。他还说："夫众不能治众,治众者,至寡者也","故众之所以得咸存者,主必致一也"。"物无妄然,必由其理。统之有宗,会之有元,故繁而不乱,众而不惑","故自统而寻之,物虽众,则知可以执一御也;由本以观之,义虽博,则可以一名举也"(《周易略例·明象》)。王弼就这样完成了"以君御民"、"执一御众"的系统论证。行文至此,我们不得不由衷佩服这位年轻然而深刻的玄学家的学问与天才。

王弼哲学思想之根本是"以无为本"、"举本统末"。以无为本,系从《老子》"天下万物生于有,有生于无"发展而来。王弼解释说:"天下之物,皆以有为生。有之所始,以无为本。将欲全有,必反于无。"(《老子注》)《老子》说的是宇宙万物生成的过程,王弼则强调"以无为本"。在其他论述中,在有无关系上,王弼的论证重点则转向强调有与无的依赖关系:"凡有皆始于无,故未形无名之时,则为万物之始。及其有形有名之时,则长之、育之、亭之、毒之,为其母也。"(《老子注》)此语中虽有子生于母之意,然亦表明子不能离母而自存。这时的母子关系,是本末、体用的关系:"本在无为,母在无名。弃本舍母,而适其子,功虽大焉,必有不济。名虽美焉,伪亦必生。"(《老子注》)故母不可远,本不可失。推而至于举本统末、崇本举末、守母以存其子。

王弼把静说成是本,是绝对的;把动说成是末,是相对的,引申出"以静制动"、"以静治国"、"无为而治"的主张。王弼认为天地万物"以无为本",是自然无为的,治理社会也应顺应自然,无为而治。此赞文"雷风运以寂止,侯王静以功成"所因依。

郭象赞第二〇

少具才理，雅好老庄。口悬河之滔滔，言流注其汤汤。而乃调和名教，因任自然。天机玄发，上下咸安。倡即本而即末，证自生而自全。是以继响黄钟，妙畅宗风，归独化于无故，泯共识于虚空。

郭象（252—312），字子玄。洛阳人。西晋玄学家。

史载，郭象少有才理，好《老》、《庄》，能清言。太尉王衍每云："听象语，如悬河泻水，注而不竭。"也有人称他为"王弼之亚"。

郭象注《庄子》三十三篇，删其余十九篇。这是郭象现存的主要著作。不过，郭象注《庄子》却是文学史上的一桩著名公案。此事刘义庆在《世说新语·文学》中有详细记载："初，注《庄子》者数十家，莫能究其旨要。向秀于旧注外为解义，妙析奇致，大畅玄风。唯《秋水》、《至乐》二篇未竟而秀卒。秀子幼，义遂零落，然犹有别本。郭象者，为人薄行，有隽才，见秀义不传于世，遂窃以为己注。乃自注《秋水》、《至乐》二篇，又易《马蹄》一篇，其余众篇，或定点文句而已。后秀义别本出，故今有向、郭二《庄》，其义一也。"《晋书》也记载了这一说法。

我们将此公案姑置无论。先说说郭象《庄子注》对玄学的贡献。

从始至终，魏晋玄学关注着一个共同的，而又非常现实的问题，即"名教"与"自然"之关系。"名教"是指封建的等级尊卑之名分和道德规范；"自然"是指人的自然本性或本初状态，同时也指天地万物的自然状态。何晏、王弼倡"以无为本"之"贵无论"，认为自然无为、名教本于自然，要以自然统率名教，使名教归于自然。阮籍、嵇康则强调以自然为本，揭起"越名教而任自然"的旗帜，冲击名教之束缚。西晋名士末流则多以"任自然"为幌子放任其骄奢淫逸、纵荡无耻："王平子、胡毋彦国诸人，皆以任放为达，或有裸体者。"（《世说新语·德行》）于是便有乐广的"名教内自有乐地，何必乃尔"的一针见血的批评。而裴頠倡"崇有论"，认为万有是"道"，是自生的，否认以无为本；提倡有为，反对无为；推崇名教，排斥自然，也是为了矫正弊端。至郭象《庄子注》则从理论上重新把名教与自然调和起来。

据记载，郭象起初"州郡辟召，不就。常闲居，以文论自娱"，后来"辟司徒掾，稍至黄门侍郎。东海王越引为太傅主簿，甚见亲委，遂任职当权，熏灼内外，由是素论去之"（《晋书·郭象传》）。可见，郭象的操守前后有变化。因为他任职当权，政治生活得意，所以在他眼中，一切现实皆是合理的，这影响到他的理论，他认为，名教与自然并不矛盾。"仁义自是人之情性。但当任之耳。恐仁义非人情而忧之者，真可谓多忧也"。"牛马不辞穿落者，天命之固当也。苟当乎天命，则虽寄之人事，而本在乎天也"（《庄子注》）。看似外来的名教规范，本在自然本体当中。物各有性，性各有分，高低贵贱、尊卑上下，皆是天理自然，天性所受。人们如果各安其天性，那么名教也就自然安定，秩序也就自然安妥了。他还认为不能把有为和无为对立起来。他说，所谓无为不过是"各用其性，而天机玄发"，因"率性而动，故谓之无为也"。"各当其能，则天理自然，非有为也"，"各司其任，则上下咸得，而无为之理至矣"（《庄子注》）。圣人虽在庙堂之上，然其心无异于山林之中，亦即此意。

郭象主张自然即名教，名教即自然，形成了即本即末、本末一体的"独化论"。他认为，天地间万物都是独自生成变化的，万物没有统一的根源或共同的根据，万物间也没有任何相资或转化关系。"无既无矣，则不能生有；有之未生，又不能为生。然则生生者谁哉？块然而自生耳"。"凡得之者，外不资于道，内不由于己，掘然自得而独化也"，"万物虽聚而共成乎天，而皆历然莫不独见矣"，"上知造物无物，下知有物之自造"、"自生"、"自得"、"自尔"（《庄子注》）。

独化论认为"物皆自然"，反对造物主，否定"有生于无"等观念，具有合理的因素。但同时认为，不仅"无"不能生"有"，而且"有"也不能生"有"，而是"物各自造，而无所待焉"。这就一方面把"物各自生"引向了"突然而自得"，"突然自尔"，"无故而自尔"，"不知其所以然而然"的神秘主义；另一方面又把各个"自生"、"独化"的"有"，夸大为永恒的绝对，即所谓"非唯无不得化而为有也，有亦不得化而为无矣。是以夫有之为物，虽千变万化，而不得一为无也"（《庄子注》）。此即赞文所谓"归独化于无故，泯共识于虚空"。

玄学领域内，思想内容各不相同。有何晏、王弼的"贵无论"，有郭象的"无无论"，有裴頠的"崇有论"，等等。但他们有着共同点，即采用辩名析理的方式，将儒、道思想合流。思想史上的学说流派，尽管有种种不同，然要其端，则均为探讨识解而生，途径容有大不同，鹄的却往往同向。可见，思想要发展，不能单单依靠一家一派，而应将不同派别进行综合。儒、道综合是如此，儒、道、佛综合也如此。

葛洪赞第二一

养生以仙，应世以儒。推慈心于人物，布仁爱于虫鱼。若夫探赜妙悟，赏要博闻。高谈越世，密术生春。总众殊以一玄，胞万类以道尊。乃有逍遥虹霓，游戏天池。奇文萃而抱朴，好药传而展眉。

葛洪（284—364），字稚川，自号抱朴子。丹阳句容人。晋代道教学者、医药学家。三国方士葛玄之侄孙，世称小仙翁。他曾受封为关内侯，后隐居罗浮山炼丹。

自东汉以降，思想界最明显的改变莫过于由一体尊儒变而为崇拜老、佛。究其原因，一以思想上的新故更变，一以时局纷扰。从前者言，汉代学者，以研经为最务，前后三百五十年，举皆发挥义理，考核章句，末流则至于破碎支离，"说五字之文，至于二三万言……幼童而守一艺，白首而后能言；安其所习，毁所不见"（《汉书·艺文志》）。学者生厌，倡法术，扇玄风，起而为经学反动。由王弼发端，研精《老》、《易》，成一时风气。人们以为儒学不如老庄，以其浅薄；老庄不若佛理，以其浮诞。于是舍儒学老，舍老学佛。从后者言，则当时三国纷纷，人命危浅，世风日下，传统凌夷，礼法、经术已无支持之力，别求安身立命之道，迫在眉睫。于是老、佛得到青睐，修仙学佛成为普遍倾向。

"养生以仙，应世以儒"系葛洪对道教的贡献与发展，从某种程度上说，也是葛洪对儒术的应用与补充。道教起于东汉桓帝时代，由张道陵首创；至魏伯阳、葛洪发生变化；至寇谦之则巩固基础，成为宗教之大宗。在《抱朴子·内篇》中，葛洪一方面总结了晋以前的道教之神仙理论和守一、行气、导引、房中术等神仙方术，一方面又将道教之神仙方术与儒家的纲常名教相结合，主张神仙养生为内，儒术应世为外。

葛洪认为，欲求仙者，当以忠孝和顺仁信为本。若德行不修，而但务方术，是不得长生的。于是，他把这种纲常名教与道教的戒律融为一体，要求信徒严格遵守。他说："览诸道戒，无不云欲求长生者，必欲积善立功，慈心于物，恕己及人，仁逮昆虫，乐人之吉，愍人之苦，赒人之急，救人之穷，手不伤生，口不劝祸，见人之得如己之得，见人之失如己之失，不自贵，不自誉，不嫉妒胜己，不佞谄阴贼，如此乃为有德，受福于天，所作必成，求仙可冀也。"（《抱朴子·内篇》）此即赞文"推慈心于人物，布仁爱于虫鱼"所由发。

"探赜妙悟，赏要博闻。高谈越世，密术生春"，言葛洪学问淹博，精于探微索隐，且多能事术。史载其博闻深洽，江左绝伦。著述篇章富于班马，又精辨玄赜，析理入微，并多越世高谈，多得道术、医术之密。《抱朴子·内篇》之《金丹》和《黄白》，总结了晋以前的炼丹成就，勾画出中国古代炼丹的历史梗概，辑录了古代丹经和丹法，有不少是原始实验的化学记录和总结，对隋唐炼丹术的发展具有重大影响，且具有一定的科学价值，如"丹砂烧之成水银，积变又还成丹砂"、"以曾青涂铁，铁赤色如铜"等等皆是。葛洪主张道士应兼修医术，他本人精晓医学和药物学，于药物、医学多所发现、发明。

"总众殊以一玄，胞万类以道尊"，言葛洪对道教理论的突出贡献。葛洪提出玄的概念，并以之作为道教思想体系的核心。他认为玄是自然的始祖，是万殊之大宗，"乾以之高，坤以之卑，云以之行，雨以之旅。胞胎元一，范铸两仪，吐纳大始，鼓冶亿类"。葛洪说的这个玄就是道。"凡言道者，上自二仪，下逮万物，莫不由之"，"道也者，所以陶冶百氏，范铸二仪，胞胎万类，酝酿彝伦者也"(《抱朴子·内篇》)。

葛洪认为修炼玄道、冥思玄道而体之,是成仙的途径。他说:"道也者,逍遥虹霓,翱翔丹霄,鸿崖六虚,唯意所造。"(《抱朴子·内篇》)而若追寻葛洪的平生行迹,我们发现,他本人的进退出处,也有着逍遥之特征。他曾以"荣位势利,譬如寄客,既非常物,又其去不可得留也。隆隆者绝,赫赫者灭,有若春华,须臾凋落。得之不喜,失之安悲?悔吝百端,忧惧兢战,不可胜言,不足为矣"(《抱朴子·内篇》),乃绝弃世务,锐意松乔,服食养性,修习玄静。此二端,也就是赞文所说的"逍遥虹霓,游戏天池"。

"奇文萃而抱朴,好药传而展眉",系以葛洪的著作及其医学成就为言。葛洪自号抱朴子,因以名书。此外还著有碑诔诗赋百卷,移檄章表三十卷,神仙、良吏、隐逸、集异等传各十卷,又抄"五经"、《史》、《汉》、百家之言、方技杂事三百一十卷。葛洪是很好的医生,他认为,"古之初为道者,莫不兼修医术,以救近祸焉"(《抱朴子·内篇》),否则,病痛及己,无以攻疗,性命难保,遑论成仙。葛洪很注意研究急病,即现在所说的急性传染病。古时候人们称这些病为"天刑",认为是天降的灾祸,是鬼神作怪。葛洪认为,这些急病与鬼神无关,是中了外界的疠气。他著有《肘后方》、《玉函方》,所用药物均求常见,方法亦均简便易行,大有益于当时及后世。"余所撰百卷,名曰《玉函方》,皆分别病名,以类相续,不相杂错,其《救卒》三卷,皆单行径易,约而易验,篱陌之间,顾眄皆药,众急之病,无不毕备,家有此方,可不用医"(《抱朴子·内篇》)。书中最早记载一些传染病,如天花、恙虫病、尸注等症侯及诊治。因为葛洪救人活人，所以深得尊重。史载，他的去世与众不同："后忽与（邓）岳疏云：'当远行寻师，克期便发。'岳得疏，狼狈往别。而洪坐至日中，兀然若睡而卒，岳至，遂不及见。时年八十一。视其颜色如生，体亦柔软，举尸入棺，甚轻，如空衣，世以为尸解得仙云。"（《晋书·葛洪传》）

范缜赞第二二

形灭神灭，形存神存。惜暖身之章服，享饱腹之盘飱。孰料风雾惊起，迷惑不休。报因报果，为乱为仇。等生死与荣枯，掩真知于妄求。故有吹花飞红，譬刃言锋。肆辩说而傲上，发聋聩而由衷。

范缜（约450—515），字子真。南朝梁南乡舞阴人。南北朝时期著名的唯物主义思想家、道家代表人物、杰出的无神论者。

范缜的哲学著作《神灭论》在中国古代思想发展史上具有划时代意义。汉魏以来传入中国之佛教，一方面宣扬轮回报应的宗教思想，另一方面传播大乘空宗的理论。而大乘空宗思想与玄学之本体论又十分相近，二者一拍即合，致使后来佛教受到门阀士族的推戴，风靡一时。齐竟陵王萧子良，笃信佛教，常聚会名僧，讲论佛典。以其礼贤纳士，一时人才称盛，著名者有萧衍、沈约等"竟陵八友"，范缜亦游于其门。同会名士多为佛门信徒，唯范缜盛称无佛，多与辩论，于是著《神灭论》。《神灭论》全文载《梁书·儒林传》。

强调形神分离，是佛教徒论证神不灭的主要根据。他们认为"形神相异"、"形神非一"，认为人之灵魂可以脱离形体而独立存在，人死以后，则"形亡神游"于佛国或依附于别的形体。于是，灵魂、精神就成为三世轮回的主体、因果报应的对象。针对形神分离的观点，范缜抓住了"即"与"异"的对立，提出了形神相即。他说："神即形也，形即神也。是以形存则神存，形谢则神灭也。"（《梁书·儒林传》）在这里，"形"是形体，"神"是精神，"即"就是密不可分。形体存在，精神存在；形体衰亡，精神归于消灭。形与神"名殊而体一"、"形神不二"，不可分离。明乎此，故应珍爱现实，注重当下，即所谓"惜暖身之章服，享饱腹之盘飧"。

然而，当时的社会思潮并非如此。范缜为我们描绘了当时的情形:"浮屠害政,桑门蠹俗,风惊雾起,驰荡不休……夫竭财以赴僧,破产以趋佛,而不恤亲戚,不怜穷匮者何?良由厚我之情深,济物之意浅。是以圭撮涉于贫友,吝情动于颜色;千钟委于富僧,欢意畅于容发。岂不以僧有多稌之期,友无遗秉之报,务施阙于周急,归德必于在己。又惑以茫昧之言,惧以阿鼻之苦,诱以虚诞之辞,欣以兜率之乐。故舍逢掖,袭横衣,废俎豆,列瓶钵,家家弃其亲爱,人人绝其嗣续。致使兵挫于行间,吏空于官府,粟罄于惰游,货殚于泥木。所以奸宄弗胜,颂声尚拥,惟此之故,其流莫已,其病无限。"(《梁书·儒林传》)此即赞文所言:"孰料风雾惊起,迷惑不休。报因报果,为乱为仇。"

"等生死与荣枯,掩真知于妄求",系言在与范缜进行形神生死荣枯之辩时,问难者所持神不灭说之荒谬。问难者举木与人相比:"木之质无知也,人之质有知也,人既有如木之质,而有异木之知,岂非木有其一,人有其二邪?"人和树木同是质体,但人有知觉,树木则没有,可见树木只有一种性质,人有两种性质,所以人的精神可以离开形体而独立存在。范缜反驳说:"人之质,质有知也;木之质,质无知也。人之质非木质也;木之质非人质也。安在有如木之质而复有异木之知哉?"指出是质的不同,决定了人的"有知"和木的"无知",即特定的质体具有其特定的作用,而精神作用只是活人的特有属性。针对问难者有意混淆"生形"与"死形"、"荣木"与"枯木"之间的区别,范缜阐述了质与用、形与神之间不可分割的关系。他驳说:"生形之非死形,死形之非生形,区已革矣!"(《梁书·儒林传》)人从生到死,木从荣

97

到枯，形体发生了根本的变化，所以质的作用也随之而变化。所以，随着人的死亡，精神活动也停止消失了。

永明七年（489）和天监六年（507），范缜曾与有神论者进行过两次大的论战。尽管问难者来头很大，且人多势众，但范缜言真理到，举譬精当，词锋犀利，辩摧众口，日服千人，终究不为所屈。至今多有其论辩之精彩言辞作为佳话流传。《南史·范缜传》载：子良问曰："君不信因果，何得富贵贫贱？"缜答曰："人生如树花同发，随风而堕，自有拂帘幌坠于茵席之上，自有关篱墙落于粪溷之中。坠茵席者，殿下是也；落粪溷者，下官是也。贵贱虽复殊途，因果竟在何处。"子良不能屈。此吾赞文所言之"吹花飞红"也。又，《神灭论》载：问曰："名既已殊，体何得一？"答曰："神之于质，犹利之于刃（《梁书·儒林传》'刃'作'刀'，兹据《弘明集》校改。以下同此），形之于用，犹刃之于利，利之名非刃也，刃之名非利也。然而舍利无刃，舍刃无利，未闻刃没而利存，岂容形亡而神在。"此则恰当地说明了形神不可分离的观点，正确地处理了物质实体和它的属性的关系，克服了形神平行、形神二元的缺陷，从理论上阐明了形神一元论。此吾赞文所言之"譬刃言锋"也。范缜雄辩往往如此，且终生不屈从于权贵，坚持真知，即使屡遭打击排诋，亦言发本心，行从本志，抗容不改，称得上是"肆辩说而傲上，发聋聩而由衷"之伟烈奇士。

王通赞第二三

志绍孔圣，欲申周公。续六经而心远，著中说而义丰。综论儒之纲常，道之治良。将融三教，来祐万方。究天地之气形，并生人之行藏。于焉华实相生，波澜不惊。弟子传其德泽，河汾蕴其声名。

王通（584—617），字仲淹。绛州龙门人。隋代著名教育家、思想家。

王通少有大志，据记载，他曾于隋文帝仁寿三年（603）"西游长安，见隋文帝……奏《太平策》十有二策，尊王道，推霸略，稽今验古"（《中说·文中子世家》）。虽未获重用，然其志略可知。后来因同乡推荐而得小官，旋即不满所遇，"弃官归，以著书讲学为业"（《旧唐书·文苑传》）。

王通提倡儒学，潜心钻研六经，据说曾经受《书》于东海李育，学《诗》于会稽夏典，问《礼》于河东关子明，正《乐》于北平霍汲，考《易》于族父仲华。一番学问之后，乃以申周公绍宣尼的儒宗自命："如有用我者，吾其为周公所为乎？……千载而下，有申周公之事者，吾不得而见也；千载而下，有绍宣尼之业者，吾不得而让也。"（《中说·天地》）

王通志向甚大，自诩甚高，至于模仿孔子，以"圣人"自居，作《王氏六经》，或称《续六经》。惜乎在唐代多已散佚，唯《中说》存焉。《中说》书名之意可以用《荀子·儒效》中的说法来解释："凡知说，有益于理者为之；无益于理者舍之，夫是之谓中说。"据此，则"中说"的意思是正确的学说、理论。但《中说》书名也可以理解为"文中子说"之简称。"文中子"是王通去世后他的弟子们给他的私谥。有人怀疑《中说》是伪作，因而彻底否定其价值。其实，《中说》还是有一定价值的。朱熹就讲过："《中说》一书，如子弟记他言行，也煞有好处。虽云其书是后人假托，不会假得许多，须真有个人坯模如此，方装点得成。"（《朱子语

类》卷一百三十七)

王通是纯粹的儒家，十分推崇孔子和儒家的纲常伦理。他说："大哉乎！君君臣臣，父父子子，兄兄弟弟，夫夫妇妇，夫子之力也。"（《中说·王道》）他也十分赞赏道家的某些观点，特别推崇"上无为，下自足"。更为难能的是，他从修齐治平之道出发，衡量三教利害，言发中肯："《诗》、《书》盛而秦世灭，非仲尼之罪也；虚玄长而晋世乱，非老、庄之罪也；斋戒修而梁国亡，非释迦之罪也。《易》不云乎：'苟非其人，道不虚行。'……或问佛，子曰：'圣人也。'曰：'其教何如？'曰：'西方之教也。'"他还取鉴于北魏太武帝和北周武帝取缔佛教，反而令佛教声势更大，影响更深的教训，提出了调和三教矛盾，"三教于是乎可一"的主张。《中说·问易》载："程元曰：'三教何如？'子曰：'政恶多门久矣。'曰：'废之何如？'子曰：'非尔所及也。真君、建德之事，适足推波助澜、纵风止燎尔。'子读《洪范说议》曰：'三教于是乎可一矣。'程元、魏徵进曰：'何谓也？'子曰：'使民不倦。'"

王通思想中具有朴素唯物论的因素。他说："夫天者，统元气焉，非止荡荡苍苍之谓也；地者，统元形焉，非止山川丘陵之谓也；人者，统元识焉，非止圆首方足之谓也。"（《中说·立命》）以统御元气、元形、元识来区别天、地、人，此识见确有不同于常者。

王通讲学河汾，当时人才称盛，"门人常以百数，唯河南董恒、南阳程元、中山贾琼、河东薛收、太山姚义、太原温彦博、京兆杜淹等十余人为俊颖，而以姚义慷慨，方之仲由；薛收理识，方之庄周"。正因其门下人才济济，于是后世有人说唐初名臣房玄龄、魏徵等也是王通弟子。

上所言王通思想，皆本于《中说》一书。《中说》是语录体，大多是王通弟子对王通言行的回忆与记录，由王通弟子姚义、薛收汇编而成。此书虽非王通所作，且王通之子王福畤对此书重新分类编排时，又加进了吹嘘王通的不实之词，然基本思想仍是王通思想之原貌，仍可作为研究王通以及隋唐之际思想发展的主要依据和参考。该书共分十部分，包括王道、天地、事君、周公、问易、礼乐、述史、魏相、立命和关朗等篇。根据《中说》，我们可以寻绎出王通的思想主脉。他以恢复王道政治为目标，倡导实行周孔之道，实行仁政。他是复古主义者，但又主张通变，认为通其变，天下无弊法，主张"三教合一"，这些均大体符合当时的时代潮流；他致力于探究"天人之事"，围绕"天人"关系，阐述关于自然观、发展观、认识论和历史观等思想，具有朴素唯物主义的倾向；他论文主理，论诗主政教之用，论文辞主约、达、典、则，主张改革文风，在当时可谓振聋发聩。综上可见，王通在政治、哲学、文学等方面的认识与主张都具有进步意义，均大体符合当时的社会实际与历史的发展需求，因之也都是难能可贵的。这是赞文用"于焉华实相生，波澜不惊。弟子传其德泽，河汾蕴其声名"评价王通的依据。

要而言之，王通肆力追摹孔子，且能通变取舍，倡言三教合一，而其学说又实有得力于老、释之处，于是有人认为他是开启宋代理学之端者。

玄奘赞第二四

行五万里，学十七年。探佛藏之典要，得贤圣之金丹。倡言万法唯识，三界唯心。育成四哲，生了六因。分自许于汝执，辨热依于火存。而乃学说显扬，译著辉煌。望西域其太息，仰慈恩其永昌。

玄奘（约600—664），洛州缑氏（今河南省偃师市）人。玄奘是法名，陈祎是俗家姓名，三藏法师是尊称。唐代佛学家，唯识宗的创立者，与鸠摩罗什、真谛并称为中国佛教三大翻译家。

玄奘十三岁出家，年二十一受具足戒，经历中最富传奇色彩的是西行取经故事。他为探究佛学，于贞观年间，西行五万里，到印度的佛教中心那烂陀寺取经。他先拜唯识学派大师戒贤为师，后又到各地访师参学，广收博采，遍学大、小乘学说，融会贯通。在印度期间，玄奘成就卓著，觉行圆满。其最著者为以下数事：一、为那烂陀寺僧众开讲摄论、唯识抉择论；二、著《会宗论》三千颂，以调和大乘中观、瑜伽两派学说；三、参与与正量部学者般若多的辩论，著《制恶见论》一千六百颂；四、应东印迦摩缕波国国王鸠摩罗的邀请讲经说法，著《三身论》；五、唐贞观十五年（641）得见戒日王，受优渥礼遇，并受命为曲女城无遮大会论主。于会上纵横讲论，无人能予诘难，于是名震五印，被大乘尊为"大乘天"，被小乘尊为"解脱天"。玄奘尽得戒贤及印度佛学之秘，回国时又带回佛舍利一百五十粒、佛像七尊、经论六百五十七部，此即赞文所说的"探佛藏之典要，得贤圣之金丹"。

玄奘归国后，以大意明唯识，创立了唐代第一个佛教宗派唯识宗，也叫法相宗。唯识宗理论具有比较严密的逻辑体系，是很烦琐的主观唯心主义学说。此宗派倡言三界唯心，万法唯识。认为阿赖耶识是世界本原，宇宙万有，皆由其派生。所谓三界唯心，心外无法，一切现象，都是心影。玄奘认为，"我"、"法"均为唯识所变，并非真实存在。只有破除"我执"、"法执"，方能进入成佛的最高境界。玄奘还详述"三自性"理论，认为，"遍计所执性"视一切事物为各有自性差别的客观实在，是妄认的实有；"依他起性"是依因缘而生的一切现象，体性本无；"圆成实性"是在"依他起性"上远离"遍计所执性"而显示出的真如实性。由这三性，便可成"唯识无境"论：外境非有，内识非无。排除"我"、"法"实有，体认一切唯有识性，契合真如，由迷而悟，由染而净，即能认识到"我"、"法"二空所显实相真性，成"圆成实性"。

"育成四哲"是说玄奘教育人才。作为一代宗师，玄奘门下人才称盛。其最具成就的四个高足，神昉、嘉尚、普光、窥基，号称"四哲"。其中窥基在继承法系、创立学说方面贡献很大。

玄奘翻译了《因明入正理论》、《因明正理门论》，于因明学造诣殊深。其贡献主要表现在以下几个方面：一是区别宗体与宗依，宗依须立敌共许，宗体则立许敌不许，随自意乐而建立；二是提出寄言简别，只是自宗承认的加"自许"，只是他宗承认的加"汝执"。若两家共认，又非泛泛，则加"胜义"或"真故"。于是有了自比量、他比量、共比量之别；三是把立论者的生因和论敌的了因，各分为语言、智力、名义，而成六因，且认为在六因中唯有言生因与智了因最为重要；四是把每一类过失分为全分和一分两类，再把全分的分为自比量、他比量和共比量；五是推究不同情况的有体与无体。有体即别有其体，如烟与火，各为一物即是。无体即物体所具之属性，依物体而存在，非别有其体也。如热依火存，火外无热体。此外，言陈缺的也叫无体，不缺的也叫有体。表诠是有体，遮诠为无体。赞文"生了六因。分自许于汝执，辨热依于火存"即以玄奘在此方面之成就为言。

玄奘探赜妙门，精穷奥业。一乘五律之道，驰骤于心田，八藏三箧之文，波涛于口海，著作译作甚多，对中国佛教乃至世界佛教均有影响。其西行取经，不畏艰难险阻，功业布在人口，世代相传。慈恩寺是玄奘译经处之一。永徽三年（652），玄奘在慈恩寺的西院筑五层塔，即今天的大雁塔，用以贮藏由天竺携来的经像。此吾赞文"望西域其太息，仰慈恩其永昌"之所由发。

佛教本系舶来品，进入中国，于传衍中自生变化。依胡适说，7世纪中国佛教兴起了两大运动，一为古典主义的，以玄奘为代表；一是浪漫主义的，以惠能为代表。玄奘的宗旨是回到印度去寻求最后的权威，来做中国佛教的标准。起因是他本人当时的困惑：玄奘"既遍谒众师，备飧其说，详考其义，各擅宗途，验之圣典，亦隐显有异，莫知适从。乃誓游西方，以问所惑"（《大唐大慈恩寺三藏法师传》）。不幸的是，那时"印度佛教已堕落到末期的烦琐哲学与咒术宗教。玄奘带回来的印度新思想，乃是唯识的心理学与因明的论理学。这种心理学把心的官能和心的对象等分析作六百六十法，可算是烦琐的极致了。中国人的思想习惯吃不下这一帖药，中国的语言文字也不够表现这种牛毛尖上的分析。虽有玄奘一派的提倡，虽有帝王的庇护，这个古典运动终归失败了"（胡适《中国哲学史》）。

惠能赞第二五

惟来学作佛，何尝求余物。虽是南獦獠，自具神仙骨。明镜与菩提，身心两皆不。夜半密传衣，刹那法门郁。无念无风幡，脚根岂飘忽。佛教革命功，我是马前卒。噫！婆娑五家七宗枝，顿悟见性慎莫拂。

惠能（638—713），亦作慧能，俗姓卢。岭南新州（今广东省新兴县）人。唐代僧人，佛教南禅宗祖师，禅宗第六祖。唐中宗追谥为大鉴禅师。是中国历史上有重大影响的佛教高僧，有《六祖坛经》流传于世。

胡适说，中国佛教7世纪兴起了两个大运动，一个是古典主义的，代表人物是玄奘，要直接回到印度去寻求权威，而印度给了我们唯识与密教这两件最新又最低下的法宝。"幸而这个中华民族血管里还有一点抵抗力，这两件法宝都没有发生多大效力。这时候，中国已另起了一个浪漫的大运动，使中国佛教起一个内部大革命，这个革命可叫做禅宗运动。革命的首领是广东一个不识字的慧能和尚"（胡适《中国哲学史》）。

禅，是佛教徒修习的基本功，全称禅那，意为静虑。含义有静其思虑，属止（定）；有静中思虑，属观（慧）。音义兼用，则有禅定或禅观。修习者认为禅能制伏烦恼，引发智慧。禅宗创立前，有禅学。三乘学人，欲求圣道，必须修禅。离此无门，离此无路。

中国禅宗系印度禅僧菩提达摩于南北朝时期创立，慧可、僧璨、道信、弘忍循次为二、三、四、五祖。此后分为南北宗，南能北秀。能即惠能，主顿悟；秀则神秀，主渐修。

惠能弟子据其语录事迹整理而成之《坛经》，是中国僧人著述中唯一称经的，也是禅宗的代表作。《坛经》所持"心性生万物"、"佛性"、"自悟"、"顿悟"、"无念"诸说，包含了禅宗之基本思想，影响广大深远。

《坛经》记载，惠能"至黄梅，礼拜五祖。祖问曰：'汝何方人？欲求何物？'惠能对曰：'弟子是岭南新州百姓，远来礼师，惟求作佛，不求余物。'祖言：'汝是岭南人，又是獦獠，若为堪作佛？'惠能曰：'人虽有南北，佛性本无南北，獦獠身与和尚不同，佛性有何差别？'"这一段公案，形象说明了禅宗继承《涅槃经》等大乘佛经并发展而来的思想，即一切众生皆有佛性，人人皆可成佛的佛性说。而这也正是赞文"惟来学作佛，何尝求余物。虽是南獦獠，自具神仙骨"的由来。

五祖弘忍为挑选继承人，命众僧作偈以验禅解深浅。神秀曾经深得五祖弘忍的器重，命为上座、教授师，此时作偈云："身是菩提树，心如明镜台。时时勤拂拭，勿使惹尘埃。"盖其一向重视打坐息想，起坐拘束身心，力主渐修成佛，故为此言。惠能闻知此偈，知其未见本性，亦作一偈曰："菩提本无树，明镜亦非台。本来无一物，何处惹尘埃。"一时徒众皆惊，谓为肉身菩萨。五祖见众人惊怪，恐人损害惠能，便假说其偈亦未见性。"次日，祖潜至碓坊，见能腰石舂米。语曰：'求道之人，为法忘躯，当如是乎。'乃问曰：'米熟也未？'惠能曰：'米熟久矣，犹欠筛在。'祖以杖击碓三下而去。惠能即会祖意。三鼓入室，祖以袈裟遮围，不令人见，为说《金刚经》。至应无所住而生其心，惠能言下大悟：一切万法不离自性。遂启祖言：'何期自性本自清净，何期自性本不生灭，何期自性本自具足，何期自性本无动摇，何期自性能生万法。'祖知悟本性，谓惠能曰：'不识本心，学法无益。若识自本心，见自本性，即名丈夫、天人师、佛。'三更受法，人尽不知。便传顿教及衣钵……"（《坛经》）

惠能得法当夜即行，过长江，到九江驿，直回岭南。弘忍弟子多人追夺衣钵，其中惠明追及，反因惠能为说"不思善，不思恶，正与么时，那个是明上座本来面目"，转成其弟子。据传，后来惠能隐遁数年，一日思维，时当弘法，不可终遁，遂出至广州法性寺。值印宗法师讲《涅槃经》，时有风吹幡动。一僧曰风动，一僧曰幡动，议论不已。惠能进曰："不是风动，不是幡动，仁者心动。"一众骇然。盖惠能认为世人性净，然为妄念浮云遮盖，要吹散浮云，显其本真，并非难事，只要无念即可。无念法者，见一切法，不著一切法。这就是赞文所说的"无念无风幡，脚根岂飘忽"。

刘禹锡《曹溪六祖大鉴禅师第二碑》有一段文字与我们的想法合拍："我立真筌，揭起南国。无修而修，无得而得。能使学者，还其天识。如黑而迷，仰见斗极。得之自然，竟不可传。口传手付，则碍于有。留衣空堂，得者天授。"惠能的禅宗是彻底中国化的佛教，经惠能的革命性改造，成佛法门十分便捷，佛教教义十分简明，释迦牟尼平常亲切，佛徒生活自如象意。这不但对后来的僧众影响远大，而且对后来的政治家、思想家及对我国哲学传统的影响亦十分深远巨大。

惠能之后，南宗禅传衍盛行，出现了临济宗、曹洞宗、沩仰宗、云门宗、法眼宗等五家，加上由临济宗分出的黄龙派和杨岐派，合称为"七宗"，成为禅宗主流，余风至今犹存。

韩愈赞第二六

福祸存乎天，由命不由己。安命以法天，居仁甘且旨。吾道何所来，周孔及孟子。佛老乱伦常，攘斥岂能已。文振八代衰，苗苗青笋起。柳泉欧如澜，苏海孰与匹。噫！闻道后先务勤思，青蓝冰水成大美。

韩愈（768—824），字退之。河南河阳（今河南省孟州市）人。以郡望称昌黎先生，世称韩昌黎。晚年任吏部侍郎，又称韩吏部。卒谥文，世称韩文公。唐代文学家、思想家，有《韩昌黎集》。

我们大家心中的韩愈，大多是那个唐宋八大家的第一人，是那个写文章如同潮水般卷地而来的韩昌黎。他在文学史上地位很崇高，不论诗文，说到唐代，都不能忽略，也无法忽略他的存在。而他在唐代，乃至唐以后思想史上的影响也不能低估。

韩愈持天命论。一方面，他认为贵贱祸福存乎天，人生由命非由他；另一方面，他又强调人的作用，认为人是夷狄禽兽之主，圣人可以代天行道。他说："先天不违之谓法天，道济天下之谓应道。"（《贺册尊号表》）把顺天安命的法天思想与居仁由义的济世思想结合起来。此即赞文所说的"福祸存乎天，由命不由己。安命以法天，居仁甘且旨"。

韩愈倡言圣人立教。他说："夫所谓先王之教者，何也？博爱之谓仁，行而宜之之谓义。由是而之焉之谓道，足乎己无待于外之谓德。其文：《诗》、《书》、《易》、《春秋》；其法：礼、乐、刑、政；其民：士、农、工、贾；其位：君臣、父子、师友、宾主、昆弟、夫妇；其服：麻、丝；其居：宫、室；其食：粟米、果蔬、鱼肉。其为道易明，而其为教易行也。是故以之为己，则顺而祥；以之为人，则爱而公；以之为心，则和而平；以之为天下国家，无所处而不当。是故生则得其情，死则尽其常。效焉而天神假，庙焉而人鬼飨。"（《原道》）

韩愈认为，仁义道德作为圣人之道，是代代相传的，是有其统系的。禅宗有一种以心传心、不立文字的传承传统。这种心法从释迦牟尼直接传下，到菩提达摩是二十八代。菩提达摩至中国，为中国禅宗初祖，以下依次相传，禅宗香火不断。受佛教禅宗的这种心法传述宗系的启发，在孟子的尧、舜、禹、汤、文王、孔子的系统的基础上，韩愈也为儒家造出了一个统系："尧以是传之舜，舜以是传之禹，禹以是传之汤，汤以是传之文、武、周公，文、武、周公传之孔子，孔子传之孟轲。轲之死，不得其传焉。荀也扬也，择焉而不精，语焉而不详。"（《原道》）"汉氏已来，群儒区区修补，百孔千疮，随乱随失，其危如一发引千钧，绵绵延延，浸以微灭。于是时也，而唱释老于其间，鼓天下之众而从之。呜呼，其亦不仁甚矣！释老之害过于杨墨；韩愈之贤不及孟子。孟子不能救之于未亡之前，而韩愈乃欲全之于已坏之后。呜呼！其亦不量其力，且见其身之危，莫之救以死也！虽然，使其道由愈而粗传，虽灭死万万无恨"（《与孟尚书书》）！韩愈认为，当年孟子辟杨墨，其功不在禹下，所以继承了这个统系。如今自己弘布儒学，排斥佛老，足以作孟子的继承者，直承此统，且能够担负起使其传衍万世的历史使命。韩愈的这番努力，得到了当时和后世学者的认可。朱熹正式将这个统系称为道统，并以二程接续这个统系；到薛瑄，则将孟子之后的道统完整化为"韩愈、周敦颐、二程、杨时、朱熹"。于此可见韩愈对后世理学的影响。

韩愈虽自承道统，然其对儒家学说，并非一成不变地继承。他所倡之性情三品说，就与孔孟之说有别："性也者，与生俱生也；情也者，接于物而生也。性之品有三，而其所以为性者五；情之品有三，而其所以为情者七。曰：'何也？'曰：性之品有上、中、下三。上焉者，善焉而已矣；中焉者，可导而上下也；下焉者，恶焉而已矣。其所以为性者五：曰仁，曰礼，曰信，曰义、曰智。上焉者之于五也，主于一而行于四；中焉者之于五也，一不少有焉，则少反焉，其于四也混；下焉者之于五也，反于一而悖于四。性之于情，视其品。情之品有上、中、下三，其所以为情者七：曰喜，曰怒，曰哀，曰惧，曰爱，曰恶，曰欲。上焉者之于七也，动而处其中；中焉者之于七也，有所甚，有所亡，然而求合其中者也；下焉者之于七也，亡与甚，直情而行者也。情之于性视其品。"（《原性》）

关于韩愈排斥佛老，史不绝书。韩愈认为，儒家之道与佛老截然不同："斯吾所谓道也，非向所谓老与佛之道也。"（《原道》）他认为，道教、佛教的思想与儒家思想是对立的，它们把清静寂灭作为道德的内容，破坏儒家君臣、父子、夫妇等伦常关系，搞得国无宁日。他反对老子的无为。他说："今其言曰：圣人不死，大盗不止；剖斗折衡，而民不争。呜呼，其亦不思而已矣！"（《原道》）同时他也反对佛家的治心而外天下国家。他说："《传》曰：'古之欲明明德于天下者，先治其国；欲治其国者，先齐其家；欲齐其家者，先修其身；欲修其身者，先正其心；欲正其心者，先诚其意。'然则古之所谓正心而诚意者，将以有为也。今也欲治其心，而外天下国家，灭其天常，子焉而不父其父，臣焉而不君其君，民焉而不事其事。"（《原道》）

韩愈晚年上《谏迎佛骨表》，谏止宪宗"迎佛骨入大内"，以夷夏之见、祸福之见为根据，全力排佛，触犯"人主之怒"，由刑部侍郎贬为潮州刺史。尽管人生道路出现了大的曲折，然而他的意志与立场十分坚定，他的《左迁至蓝关示侄孙湘》表达了不悔的心情："一封朝奏九重天，夕贬潮州路八千。欲为圣明除弊事，肯将衰朽惜残年。云横秦岭家何在，雪拥蓝关马不前。知汝远来应有意，好收吾骨瘴江边。"

韩愈与柳宗元共同倡导"古文运动"，影响巨大，两人并称"韩柳"。苏轼称赞他"文起八代之衰，道济天下之溺，忠犯人主之怒，勇夺三军之帅"，并非过誉过甚之辞。

韩、柳所倡之古文运动，到了宋代，成了唐宋古文运动，在文学史上产生了巨大的影响。人们认为，唐宋古文运动的八大代表人物，就成就说，当以韩、柳、欧、苏为上；若以文章风格论，则韩如潮，柳如泉，欧如澜，苏如海，可谓知言。

韩愈才力富赡，名句多传于世。"闻道有先后，树业有专攻"、"业精于勤荒于嬉，行成于思毁于随"皆其较著者，影响与内涵有若青蓝冰水之喻。

刘禹锡赞第二七

家本荥上，籍占洛阳。结一时之贤士，发五内之辉光。岂料排云失路，报国无门。岁更周流，时极事昏。来刘郎其前度，看桃花其日新。于焉赋诗逞豪，纵鹤冲霄，天执能以临下，人执能以逍遥。

刘禹锡（772—842），字梦得。唐代文学家、思想家。

关于刘禹锡的籍贯，向有争议。主要有三种说法：一说是江苏徐州；一说是河南洛阳；一说是浙江嘉兴。刘本人虽曾说自己系出中山，而《汝州上后谢宰相状》则直言"家本荥上，籍占洛阳。病辞江干，老见乡树。荣感之至，实倍常情"。

刘禹锡喜宾客，好交游。十九岁左右游学长安，获士林佳誉。贞元九年（793），与柳宗元同榜及进士第，同年登博学鸿词科。两年后再登吏部取士科，释褐为太子校书，不久丁忧居家。贞元十六年（800），应杜佑辟为掌书记，居杜佑幕，甚相得。贞元十八年（802），调任京兆府渭南县主簿，旋迁监察御史。与韩愈、柳宗元以同事为好友，过从甚密。贞元二十一年（805）正月，唐德宗卒，顺宗即位。太子侍读王叔文、王伾进入中枢。刘禹锡和柳宗元、陈谏、韩晔等受到重视，形成"二王刘柳"集团，欲澄清政治，有所作为。此即赞文所谓"结一时之贤士，发五内之辉光"。另外，我们从他与柳宗元并称"刘柳"，与韦应物、白居易合称"三杰"，与白居易合称"刘白"，可见其诗文之成就，亦可见其以诗文所结之友甚多。

赞文所言之"岂料排云失路，报国无门。岁更周流，时极事昏"，系以二王八司马革新失败为言。"二王刘柳"集团之改革触犯了藩镇、宦官和大官僚们的利益，很快宣告失败。顺宗让位，王叔文被赐死，王伾被贬后病亡，刘禹锡与柳宗元等八人先被贬为远州刺史，随即加贬为远州司马。这就是历史上著名的"八司马事件"。刘禹锡有诗句云"晴空一鹤排云上"，于中可见其志向，赞文"排云失路"以此。

被贬十年后，刘禹锡与柳宗元等人一起奉召回京，刘写了《元和十一年自朗州召至京戏赠看花诸君子》："紫陌红尘拂面来，无人不道看花回。玄都观里桃千树，尽是刘郎去后栽。"据说，因此得罪执政，复被外放为连州刺史。此后辗转于各地任职，直到宝历二年（826）始奉调回洛阳，任职于东都尚书省。从初次被贬至此时，共历二十三年。白居易怜悯他多年外放，赠诗中有"亦知合被才名折，二十三年折太多"（《醉赠刘二十八使君》）句。然而，刘禹锡豪气不除，其酬和诗中之"沉舟侧畔千帆过，病树前头万木春"（《酬乐天扬州初逢席上见赠》），至今脍炙人口。次年回朝任主客郎中，刘禹锡写了《再游玄都观绝句》，表现了始终不屈的意志。其诗序曰："余贞元二十一年为屯田员外郎，时此观未有花。是岁，出牧连州，寻贬朗州司马。居十年，召至京师，人人皆言有道士手植仙桃，满观如烁晨霞，遂有前篇，以志一时之事。旋又出牧，于今十有四年，得为主客郎中。重游兹观，荡然无复一树，唯兔葵燕麦动摇于春风耳。因再题二十八字，以俟后游。时大和二年三月也。"其诗曰："百亩中庭半是苔，桃花净尽菜花开。种桃道士归何处？前度刘郎今又来。"此即赞文"来刘郎其前度，看桃花其日新"所指。

刘禹锡胸次特高，为诗明快简洁，俊爽清旷，气势雄直，骨力甚健，极富艺术张力。白居易尝叙其诗曰："彭城刘梦得，诗豪者也，其锋森然，少敢当者。"他的《秋词》曰："自古逢秋悲寂寥，我言秋日胜春朝。晴空一鹤排云上，便引诗情到碧霄。"即赞文所言之"赋诗逞豪，纵鹤冲霄"。

刘禹锡与柳宗元在政治上、思想上、文学上均有一致性。所以，人们以"刘柳"并称。韩愈与柳宗元在思想上有严重分歧，"韩柳"并称，恐怕只是在文学上。韩、柳之间有过关于有神与无神的论战，而刘禹锡则加入其中，与柳宗元在同一战线。研究者理清了论战过程：先是韩愈在《答刘秀才论史书》中提出"夫为史者，不有人祸，则有天刑"；然后，柳宗元在《与韩愈论史官书》中认为"凡鬼神事，渺茫荒惑无可准，明者所不道。退之之智而犹惧于此"？并特撰《天说》"以折退之之言"；接下来是刘禹锡加入，在柳的基础上，续作《天论》三篇，"以极其辩"；最后是柳宗元的《答刘禹锡〈天论〉书》，认为《天论》是《天说》的传疏，二者原则上"无异道焉"。

刘禹锡在《天论》中，提出了一个与众不同的宇宙观。他认为，天没有意识，不是上帝，是"有形之大者"，"天之有三光悬寓，万象之神明者也，然而其本在乎山川五行。浊为清母，重为轻始。两位既仪，还相为庸，嘘为雨露，噫为雷风。乘气而生，群分汇从，植类曰生，动类曰虫。倮虫之长，为智最大。能执人理，与天交胜，用天之利，立人之纪。纪纲或坏，复归其始"。他认为，"天人交相胜，还相用"，天人各有职司，"天恒执其所能以临乎下，非有预乎治乱云尔；人恒执其所能以仰乎天，非有预乎寒暑云尔"。他还说，天非务胜乎人，而人诚务胜乎天。因为天无私，故人可务乎胜也。此即赞文所谓"天执能以临下，人执能以逍遥"。

侯外庐主编的《中国思想通史》，把刘禹锡和柳宗元并提，对他们的成就给予很高的评价："刘禹锡和柳宗元的唯物主义和无神论思想，就其内容、体系、战斗性和科学性等方面来看，不仅在唐代最为突出，而且在中国唯物主义无神论史上也有其创造性的建树和特殊的历史地位。"

柳宗元赞第二八

行踪益远，文思愈昌。书三戒以物议，著八记以心伤。洎夫登高临远，骨怆神悽。惊风忽飚，零雨时迷。思郁郁其难适，路迢迢其何栖。敢期受命于人，休符缘仁。合儒释于一统，裨教化于长春。

柳宗元（773—819），字子厚。河东（今山西省永济市）人。唐代文学家、思想家，唐宋八大家之一。官终柳州刺史，世称"柳河东"、"柳柳州"。有《柳河东集》传世。

柳宗元与中国古代诸多思想家一样，发愤读书，精思深解，一得机会，便欲横空出世，弘扬所持学说，匡救世之谬讹。而其见识眼界，则往往随其遭遇而不断增益。欧阳修之"庐陵事业起夷陵"，固在其后也。世所传柳宗元之文章，以其于二王八司马改革失败、流放远州时所作为最著。盖以盛气消磨，志向收敛，时过境迁，沉静忖度，甚至于痛定思痛，故其所做文章，不为怆骨悽神，便为沉潜深至，与往昔之风发意气，以天下事为易易也殊不同。此即赞文所谓"行踪益远，文思愈昌"。

柳文以《三戒》、《永州八记》最为流行。人往往以其通俗而轻与之，实则此两组文字正柳氏之精粹也。柳宗元等人的改革功败垂成，柳写《三戒》总结教训，说处世三忌：一忌出技以怒强；二忌窃时以肆盗；三忌倚势而干非其类。《黔之驴》，《三戒》第一篇，写的是"出技以怒强"，总结的教训是不能出手过早。驴要是不早踢出那一脚，虎可能不敢妄动。今人理解是黔驴技穷、庞然大物，这个思路并非不可以，只是非柳宗元之原意。《永某氏之鼠》，《三戒》第二篇，总结的是阵营内部有人"窃时以肆暴"。文章说，主人因生肖为鼠而优待老鼠，不杀老鼠，鼠便以此特例为常态，窃时肆暴，至累累与人兼行。换了主人不属鼠，鼠辈不知趋避，终至杀身殒命。以之喻易主前后而不知变易之肖小，殊为允当。《临江之麋》，《三戒》最后一篇，总结的是变法阵营中有的人"倚势而干非其类"。说的是麋羔子依仗主人之势与狗往来，狗欲吃麋，但忌惮主人，虚与委蛇。其后离开主人，至于道上，麋终为狗所食。《三戒》是通俗文章，然各篇自有其指，且总结得深刻到位，不但切合二王八司马的改革实际，更与今之与世俯仰者的遭际相合。角度不同，还可以有不同理解。《永州八记》，以写景物表现自己的身世遭遇，与《三戒》不是一类文字，但同样写得深刻有味道。

《三戒》与《永州八记》之后，柳宗元、韩泰、韩晔、陈谏、刘禹锡等人，经历十年的贬谪生活，终于被召回京师，大家都以为不用再过流离寄寓的生活了，谁料天不从人愿，这几人不久又遭贬谪。柳宗元改谪为柳州刺史。韩泰、韩晔、陈谏、刘禹锡也分别被改谪为漳州、汀州、封州、连州刺史。十年憔悴，方回帝京，世事翻覆，更谪岭外的遭遇，使柳宗元充分感受到了人生的艰难和仕途的险恶。于是，当他登上贬谪地柳州的城楼，面对满目异乡风物，不禁慨叹世路艰难，人事变迁，无限感触，从心底涌出，于是写下《登柳州城楼寄漳汀封连四州》诗，抒发遭遭打击、被贬远州的海天愁思，表达对变法同道的怀念和音书不通、各滞一方的叹惋："城上高楼接大荒，海天愁思正茫茫。惊风乱飐芙蓉水，密雨斜侵薜荔墙。岭树重遮千里目，江流曲似九回肠。共来百越文身地，犹自音书滞一乡。"此吾赞文"洎夫登高临远，骨怆神悽。惊风忽飐，零雨时迷。思郁郁其难适，路迢迢其何栖"所指之事实。

柳宗元是著名思想家。不过，人们对他的文学成就关注得更多，对他的思想成就关注得相对少一些。这应该是因为他的文名太盛，致其思想成就为文名所掩。

柳宗元和刘禹锡均对自己的学问充满自信，均以出入百家之学、不根师说而自命，且共同参与了"二王刘柳"的政治改革以及有神与无神的思想论争。他们是好朋友，也是思想上的同道战友。

柳宗元的重要文章是《天说》和《天对》。《天说》为批评韩愈而作，提出命题后未太展开，只说概括的结论，如天、地、阴阳的概念和"功者自功，祸者自祸"的结论，命题均称重大，然并未展开。《天对》为答复屈原的《天问》而作，以自然哲学和历史学探讨为鹄的，研究的是有关宇宙和历史的大问题，有些问题是展开来的。

柳宗元持元气一元论。他认为，天地未形成之前，只有元气存在；天地既分，则"彼上而玄者，世谓之天；下而黄者，世谓之地；浑然而中处者，世谓之元气；寒而暑者，世谓之阴阳"（《天说》）。屈原《天问》开头问了五个问题，柳宗元《天对》开宗明义，直接给予回答："本始之茫，诞者传焉。鸿灵幽纷，曷可言焉。智黑晰眇，往来屯屯，庞昧革化，惟元气存，而何为焉！"柳宗元认为，天没有意志，天人相分，天人各行不相预，吉凶祸福、治乱兴衰，皆非天能主宰，功者自功，祸者自祸，一切在我人力。历史的发展，既非天意决定，也非圣人之意决定，而由生人之意决定。"受命不于天，于其人；休符不于祥，于其仁"（《贞符》）。此即赞文"敢期受命于人，休符缘仁"所依也。柳宗元还有一个"势"的观念，即人类社会向前发展的客观必然趋势，"彼封建者，非圣人意也，势也"即其例证。

柳宗元和韩愈在对待佛教的态度上，也截然不同。韩极力排佛，而柳则认为佛教"往往与《易》、《论语》合"，"不与孔子异道"（《送僧浩初序》），因而不反对佛教。他还从佛教有以佐世的想法出发，提出要统合儒、释。赞文"合儒释于一统，禅教化于长春"指此。

邵雍赞第二九

传言安乐巢，真从康节始。洛书并河图，豁然穷底里。二程周共张，与公称五子。先天象数深，太极本原旨。元会运世分，万化皆心起。何故天津桥，杜鹃来依止。噫！渔樵问对能事全，处处行窝待龙鲤。

邵雍（1011—1077），字尧夫。北宋哲学家、理学家，象数学的代表人物。

邵雍祖上是范阳人，其父徙家衡漳，后又徙于共城。邵雍三十岁时，游河南，葬亲伊水之上，遂为河南人。

邵雍勤力为学，刻苦砥砺，于书无所不读。曾外出游历，逾河、汾，涉淮、汉，周流齐、鲁、宋、郑之墟，目的是增广见闻，印证自己的学问素养。游历归来，自认"道在是矣"，于是不再出游。

邵雍初到洛阳，生计艰难，蓬荜环堵，不蔽风雨。然而他泰然处之，怡然自乐。他自己动手，置办茶米菽水，尽其心力，侍奉双亲。尽管家徒四壁，衣食困乏，也丝毫不以为苦。父母去世，他哀毁尽礼，悲痛愈于常人。富弼、司马光、吕公著这般大人物，都敬重邵雍，与之过从。后来，他们替邵雍置买了田宅。于是邵雍得以躬耕田亩。尽管所得仅能供其衣食，然而他始终知足常乐。他把自己的住所叫作"安乐窝"，自己也号为"安乐先生"。

邵雍从学于李之才，得以接触《河图》、《洛书》、宓羲八卦六十四卦图像等学问。李之才之学，远有端绪，并非凭空产生。而邵雍则探赜索隐，妙悟神契，洞彻蕴奥，汪洋浩博，为学多所自得。及其学积德劭，心志高明，乃潜心探究天地之运化，阴阳之消长，远则及于古今之世变，微则至于禽兽草木之性情，造其深，畅其曲，近于不惑之境，大不同于所谓"依仿象类、亿则屡中"者。于是推衍伏羲先天之旨，著《先天图》及《观物内外篇》、《伊川击壤集》等书以行世。

理学又称道学，产生于北宋，盛行于南宋与元、明，清中叶以后逐渐衰微，而其影响一直延续到近代。理学的产生，标志着中国儒学进入了一个新的复兴阶段。在理学的创立阶段，邵雍和周敦颐、张载、程颢、程颐并称"北宋五子"，《宋史》的排列次序为周敦颐、程颢、程颐、张载、邵雍。朱熹则把邵雍同周、张、二程和司马光并称为道学"六先生"。

邵雍以先天象数之学名家。他认为，天地万物之生成变化按照先天象数的图式展开。他说："先天之学，心也。"（《邵雍集·观物外篇》）"先天学，心法也，故图皆自中起，万化万事生乎心也"（《邵雍集·观物外篇》）。心即是人的心，也是宇宙的心。人是宇宙间物之至者，灵于万物，原因是人能知万物之理，因此，人应该以物观物，而不要以我观物。以物观物则明，以我观物则暗。"夫所以谓之观物者，非以目观之也。非观之以目，而观之以心也。非观之以心，而观之以理也"（《邵雍集·渔樵问对》）。他要求不蔽于物，也不蔽于我，提倡反观；但又夸大圣人的作用，认为圣人能以一心观万心，一身观万身，一物观万物，一世观万世。邵雍认为，宇宙的本原是太极，太极生出天地，天生于动，地生于静。动之始则阳生焉，动之极则阴生焉。阴阳交互作用，形成日月星辰。静之始则柔生焉，静之极则刚生焉，刚柔交互作用，形成水火土石。他还认为，阴阳二者"本一气也。生则为阳，消则为阴"（《邵雍集·观物外篇》）。他还说："太极不动，性也。发则神，神则数，数则象，象则器。器之变，复归于神也。"（《邵雍集·观物外篇》）

邵雍根据象数，把天地从始至终的过程分为元、会、运、世，以此为宇宙的周期。一元十二会，一会三十运，一运十二世，一世三十年。那么，一元共十二万九千六百年。他还断定世界的历史以此为周期，由盛而衰，周而复始，不断循环。在他看来，一个周期内的历史是退化的，由尧至宋，就经历了皇、帝、王、霸四个阶段，所谓一代不如一代。此种神秘主义宿命论历史观，就是赞文所说的"元会运世分，万化皆心起"。

邵雍著有《皇极经世》等书，运用易理和易教推究宇宙起源、自然演化和社会历史变迁，在当时影响巨大。据传，治平年间，邵雍与客人散步到洛阳的天津桥，突闻鹃声，邵雍惨然不乐。客问其故，邵雍曰："洛阳旧无杜鹃，今始有之，不二年，上用南士为相，多引南人，专务变更，天下自此多事矣。"客人感到很奇怪，邵雍说："天下将治，地气自北而南；将乱，自南而北。今南方地气至矣，禽鸟飞类，得气之先者也。《春秋》书'六鹢退飞'、'鸲鹆来巢'，气使之也。自此南方草木皆可移，瘴虐之病，北人皆苦之矣。"此则故事说的就是邵雍之善于推断预测。

邵雍著有《渔樵问对》，通过樵子问、渔父答的方式，将天地、万物、人事、社会归之于易理，并加以诠释。目的是让读者明白"天地之道备于人，万物之道备于身，众妙之道备于神，天下之能事毕矣"之理。

邵雍学究天人，德行端正，为人耿介而平易，深得时人崇敬。据《宋史·道学传》记载，邵雍在其"安乐窝"中，生活得平静而安逸。他每天天一亮就起来焚香燕坐，到了晡时，也就是下午三点到五点的样子，自己酌上三四瓯酒，从容饮用，饮到微醺，即停止不饮，于是常不及醉。兴致来了，就吟几句诗以自娱自乐。春秋佳日，不时会到城里去转一转，风雨天一般不出门。出去时，乘一小车，得一人牵挽而行，想到哪里去就到哪里去，没有固定目标。士大夫家人都听得出他的小车的声音，争着迎候他。无论童孺厮隶，一听到他的车声，都很高兴，互相告语说："我家的先生到了。"人们尊敬他，不直接称呼他的姓名。有时，他会在外住上一两天。有些好事的人，好心的人，就专门建造起像邵雍的"安乐窝"一样的房舍，等候邵雍到来。人们把这叫作"行窝"。

理学家周敦颐、二程、张载与邵雍并时而生，且都是知交好友。《宋元学案·百源学案》记载了程、朱等理学家对邵雍的评价："明道尝谓先生'振古之豪杰'，又曰：'内圣外王之道也。'有问朱子：'康节心胸如此快活广大，安得如之？'答曰：'他是甚么样工夫！'又有问朱子：'学者有厌拘检、乐放舒、工精详、喜简便者，自谓慕尧夫为人，何如？'曰：'邵子这道理，岂易及哉！他胸襟中这个学，能包括宇宙，始终古今，如何不做得大，放得下。今人却恃个甚，敢复如此。'"

周敦颐赞第三○

学问如白莲，远观不可亵。舅氏构亭园，养此皎然节。因说太极图，动静阴阳别。纯善唯一诚，修养欲亦灭。五常守其本，百行源自洁。道教与禅思，接引未尝绝。噫！襟帕飘然拔俗尘，理学宏开第一杰。

周敦颐（1017—1073），字茂叔，号濂溪。道州营道（今湖南省道县）人。宋代思想家，理学的奠基者。

周敦颐五岁丧父，因家贫，随母至衡阳投靠舅父郑向。郑向爱其聪慧仁孝，抚之如子，按郑家敦字辈取名入籍。敦颐喜白莲，郑便于已宅前构亭植莲，敦颐得以于其间读书养志。周敦颐平生为人清廉正直，襟怀淡泊，对莲花酷爱无比，均与少年时此段经历有关。宋熙宁四年（1071），周任南康知军，已值暮年，抱病在身，犹爱莲如故，并写下了名文《爱莲说》。此时，他一定以为学问如白莲，远观不可亵，且料应忆起当年，忆起"舅氏构亭园，养此皎然节"。

周敦颐学问之精粹，尽在《太极图说》、《通书》。

《太极图说》系周敦颐对《太极图》所作的说明，是周氏言宇宙观与人生观之作，起点是"无极而太极"的宇宙本体论，终点则是"主静立人极"的封建伦理观、人生观。关于宇宙观，他说："无极而太极。太极动而生阳，动极而静，静而生阴，静极复动。一动一静，互为其根。分阴分阳，两仪立焉。阳变阴合，而生水、火、木、金、土。五气顺布，四时行焉。五行一阴阳也，阴阳一太极也，太极本无极也。五行之生也，各一其性。无极之真，二五之精，妙合而凝。乾道成男，坤道成女。二气交感，化生万物。万物生生而变化无穷焉。"周氏在这里据以立论、解释宇宙者，系《易》及五行之说。《系辞下》曰："男女构精，万物化生"，"乾坤其易之门耶？乾，阳物也；坤，阴物也"。周氏说世界变化，认为世界之变易，端由阴阳变化而来，至于太极，则固无所谓不同。以物质论,万物原质,无非气也。水、火、木、金、土皆气之所为,而万物之错综,则又系五行之所为。由气而分为五行,由五行而化为万物,而其原动力则均为太极。关于人生观,他说:"惟人也得其秀而最灵,形既生矣,神发知矣,五性感动而善恶分,万事出矣。圣人定之以中正仁义而主静,立人极焉。故圣人与天地合其德,日月合其明,四时合其序,鬼神合其吉凶。君子修之吉,小人悖之凶。故曰:'立天之道,曰阴与阳。立地之道,曰柔与刚。立人之道,曰仁与义。'又曰:'原始反终,故知死生之说。'大哉《易》也,斯其至矣!"旧说以五行之金、木、水、火、土配人性之仁、义、礼、智、信五端。周氏沿用之,而将人性总括为两端,曰仁,曰义,且以之配阴阳。他认为,太极是本体,无所谓恶,人性本亦无所谓恶,其所以有善恶之分,乃原于动,"五性感动而善恶分,万事出矣"。圣人定之以中正仁义,主静,达到了所谓"立人极"的道德之极致,于是便无往而不适:"与天地合其德,日月合其明,四时合其序,鬼神合其吉凶。"从行为的角度说,做到这一点,就吉,"君子修之吉";达不到这一点,违背了它,就凶,"小人悖之凶"。从认识论的角度,宇宙现象虽然繁富纷纭,然不外乎阴阳五行的变化,而阴阳五行不离太极。明乎此,则宇宙一切无不贯通,此即所谓"原始反终,故知死生之说"。周氏的《太极图说》一本乎《易》,此由文末之"大哉《易》也,斯其至矣"可见。

与《太极图说》相比,《通书》专言人事,而归之诚与静。周敦颐说:"诚者,圣人之本。'大哉乾元,万物资始',诚之源也。'乾道变化,各正性命',诚斯立焉。纯粹至善者也。"又说:

"圣，诚而已矣。诚，五常之本，百行之原也。静无而动有，至正而明达也。五常百行非诚，非也，邪暗塞也。故诚则无事矣。"又说："圣可学乎？曰：可。曰：有要乎？曰：有。请问焉。曰：一为要。一者，无欲也。无欲则静虚动直。静虚则明，明则通；动直则公，公则溥。明能公溥，庶矣乎！"又说："颜子一箪食，一瓢饮，在陋巷，人不堪其忧，而不改其乐。夫富贵，人所爱也，颜子不爱不求，而乐乎贫者，独何心哉？天地间有至贵至富、可爱可求而异乎彼者，见其大而忘其小焉尔！见其大则心泰，心泰则无不足，无不足则富贵贫贱，处之一也。处之一，则能化而齐，故颜子亚圣。"（《宋元学案·濂溪学案》）

周敦颐"人品甚高，胸怀洒落，如光风霁月。廉于取名而锐于求志，薄于邀福而厚于得民"（《宋史·道学传》）。在当时儒、佛、道合流的形势下，他对《老子》之"无极"、《易传》之"太极"、《中庸》之"诚"以及五行阴阳学说加以熔铸，为道学家提供了"无极"、"太极"等宇宙本体论的范畴概念，对道学发端之功，不可泯灭。后此二程之"扩大"、朱熹之"集大成"，不过是在周氏的基础上使道学理论更加完善、更加系统而已。

二程尝从学于周敦颐，然不见二程推戴周。于此，全祖望说之甚详："濂溪之门，二程子少尝游焉。其后伊洛所得，实不由于濂溪，是在高弟荥阳吕公已明言之，其孙紫微又申言之，汪玉山亦云然。今观二程子终身不甚推濂溪，并未得与马、邵之列，可以见二吕之言不妄也。晦翁、南轩始确然以为二程子所自出，自是后世宗之，而疑者亦踵相接焉。然虽疑之，而皆未尝考及二吕之

言以为证，则终无据。予谓濂溪诚入圣人之室，而二程子未尝传其学，则必欲沟而合之，良无庸矣。"（《宋元学案·濂溪学案》）

张载赞第三一

大易以为宗，中庸以为体。学古正力行，儒道真淳
醴。万物气一元，升降何曾止。禀赋或不同，要须修
兼洗。人谓己有知，耳目受不已。德性明道神，服善
撤皋比。噫！民胞物与东西铭，横渠四句壮心起！

张载（1020—1077），字子厚。凤翔郿县人。宋代思想家，理学的代表人物。

张载家世居大梁，因父亲游宦在外，卒于任上，诸孤皆幼，无法还乡，于是乃侨寓凤翔郿县之横渠镇，学者称"横渠先生"以此。弟子多为关中人，后人称其学派为"关学"。张载主张气一元论，为理学最具影响之三大派别之一。其他两派分别是二程、朱熹为代表的理一元论和陆九渊、王阳明为代表的心一元论。张载一派是理学中的唯物主义学派，二程、朱熹是客观唯心主义，陆、王则是主观唯心主义。

张载少孤自立，有英气，喜谈兵，跅弛豪纵，志向不群。十八岁时，慨然以功名自许，欲结客取洮西之地，上书谒见范仲淹。范仲淹知其是远大之器，对他说："儒者自有名教可乐，何事于兵！"赠他一部《中庸》，劝他向学。张从此有志于学问。已求之释、老，乃反求之六经，经过比较鉴别，最终崇奉儒家思想，"以《易》为宗，以《中庸》为体，以《孔》、《孟》为法"（《宋史·道学传》）。

张载的学问皆从苦心中来。他危坐于一室中，左右简编图籍陈列，终日俯读仰思，冥心妙契，每有所得，虽当中夜，亦必取烛急书。他这种学古力行之风格，与程颢等特别关注内心修为的人胸中有了意思不马上说出来写出来，只在胸中涵泳，久之熟了，才为有得，自然不同。所以程颢说他"子厚却如此不熟"，朱熹也说"明道之学，从容涵泳之味洽。横渠之学，苦心力索之功深"（《宋元学案·横渠学案》）。其实，张载并非不知重涵泳重气象，在日常生活、人生经验上表现出人格，将道理寓于其中的好处，无如他归根结底是一个爱思想的人，是一个要成大体系、要有大作为的思想家，所以才不肯放过机会，才重著述，才重考索，才苦心力学。

在自然观方面，张载继承发展了气一元论，认为世界由气构成，一切存在都是气："凡可状，皆有也；凡有，皆象也；凡象，皆气也。"他还认为，儒家、道家分别作为最高实体的天与道，都是气。气是最高实体，天即太虚，是指气散而未聚的原始状态，道是气化的过程："太虚无形，气之本体"，"由太虚，有天之名；由气化，有道之名"。"太虚不能无气，气不能不聚而为万物，万物不能不散而为太虚"，也就是说，太虚、气、万物，是同一实体的不同形态，一切具体的事物，均系太虚之气凝聚而成，万物消亡又复归于太虚。他认为，世界统一于气，气有聚散而无生灭，气聚则有形可见，气散则无形不可见，太虚无形无状，并非虚无。于是得出"虚空即气"、"知太虚即气则无无"的结论。张载还指出，气处于永恒的运动中，"气块然太虚，升降飞扬，未尝止息"，原因是气本身包含有互相吸引、排斥的因素："太中所谓道，中涵浮沉升降、动静相感之性，而生细缊相荡、胜负屈伸之始。"他还认为："物无孤立之理，非同异屈伸始终以发明之，则虽物非物也。""一物两体，气也。一故神，两故化。此天之所以参也。两不立则一不可见。一不可见则两之用息"，"有两则有一，若一则有两"（《宋元学案·横渠学案》）。

张载认为，人与万物均系气聚而成，气本来的状态构成"天地之性"，清澈纯一而无不善，为万物与人所共有。人生成后，由于所受阴阳二气不同，又有驳杂不纯的"气质之性"，此即各种欲望与不善之源。人们应该通过修养功夫，变化"气质之性"，以保存天地之性，恢复先天的善性。

张载说："人谓己有知，由耳目有受也。人之有受，由内外之合也"，"感亦须待有物，有物则感，无物则何所感"？他认为，人对事物的认识是从感官得来，是主客体相互作用之结果，外物是感觉的源泉。这是其认识论中的唯物主义。然而，他又认为，对高层次的作为气的变化本性"神"和作为气的变化过程"道"的认识，则完全不依赖于耳目等感官的感觉，而是出于人的"德性"，"见闻之知，乃物交而知，非德性所知，德性所知，不萌于见闻"。这是唯心主义的观点。

张载为人服善。史载，他"尝坐虎皮讲《易》京师，听从者甚众。一夕，二程至，与论《易》，次日语人曰：'比见二程，深明《易》道，吾所弗及，汝辈可师之。'撤坐辍讲。与二程语道学之要，涣然自信曰：'吾道自足，何事旁求。'于是尽弃异学，淳如也"（《宋史·道学传》）。

张载的著作有《东铭》、《西铭》、《正蒙》、《经学理窟》、《易说》等。《西铭》不过五百字，但极获学者推崇。程颢说："此（《西铭》）横渠文之粹者也。……自孟子后，儒者都无他见识。"程颐也说："《西铭》旨意，纯粹广大。"（《二程集·河南程氏遗书》）在《西铭》中，张载说："民吾同胞，物吾与也。"见识高迈。而其中之"为天地立心，为生民立命，为往圣继绝学，为万世开太平"，见出他立心要与天地同其大，无怪乎其少孤自立，志气不群，慨然以功名自许也。至今读之，犹令人壮心顿起。

黄百家在《宋元学案》案语中评论张载，十分中肯："其精思力践，毅然以圣人之诣为必可至，三代之治为必可复。尝语云：'为天地立心，为生民立命，为往圣继绝学，为万世开太平。'自任之重如此。始不轻与人言学，大程曰：'道之不明久矣，人各善其所习，自谓至足。必欲如孔门不愤不启，则师资势隔，道几息矣。随其资而诱之，虽识有明暗，志有浅深，亦皆各有得焉。'先生用其言，所至搜访人才，惟恐失其成就，故关中学者郁兴，得与洛学争光。猗与盛哉！但先生覃测阴阳造化，其极深至精处，固多先儒所未言，而其凭心臆度处，亦颇有后学所难安者。至于好古之切，谓《周礼》必可行于后世，此亦不能使人无疑。夫《周礼》之的为伪书，姑置无论。圣人之治，要不在制度之细。窃恐《周官》虽善，亦不过随时立制，岂有不度世变之推移，可一一泥其成迹哉！况乎《周官》之繁琐，黩扰异常。先生法三代，宜不在《周礼》。是又不可不知也。"

王安石赞第三二

为学无际涯，时日大资斧。幸有同侪亲，拆洗王介甫。八家文章纯，爱公清峻语。古赋老斫轮，悠然云间羽。天人自相分，顺天有所取。敢为三不言，勇力真如虎。噫！三经新义藐汉唐，度变损益传法乳。

王安石（1021—1086），字介甫，号半山。临川（今属江西省抚州市）人。北宋著名的思想家、政治家、文学家。

王安石性酷嗜书，不近声色，寝食之际，手不释卷。且深研学问，入于精微，常至忘情之境。知常州，对客未尝有笑容。一日大会宾佐，倡优在庭，安石忽大笑，人颇怪。乃共呼优人，厚遗之曰："汝之艺能使太守开颜，可赏也。"有人窃疑安石笑不因此，乘间问之，安石曰："畴日席上，偶思《咸》、《常》二卦，豁悟微旨，自喜有得，故不觉发笑耳。"因嗜书，耽于学问，故惜阴若金，以时日为大资斧，故遗人以"衣臣虏之衣，食犬彘之食，囚首丧面，而谈诗书"之讽。宋孙升《孙公谈圃》载，王荆公性不修饰，经岁不洗沐。衣服虽敝，亦不浣濯。与吴仲卿同为群牧判官，时韩持国在馆，三数人尤厚善。因相约每一两月即相率洗沐定力院，家各出新衣，为荆公番，号"拆洗王介甫"。公出浴，见新衣，辄服之，亦不问所从来。

王安石作为唐宋八大家之一，道德文章，辉煌彪炳，迥非常人所能及。其论说文字简劲峭拔，言峻理至，新见迭乘，不同凡响，在八家中别具自家真面。《读孟尝君传》、《答司马谏议书》等作品至今仍为文章典范。当时律赋风行，王安石不受范围，卓然以古赋名。观其《思归》、《龙》、《历山》诸作，咏叹徜徉，纡曲委备，高致远举，有若云间之羽，精神气格常有在文字之外者。昔齐桓公问轮扁斫轮之术，扁言"行年七十而老斫轮"。安石真可称古赋斫轮手。

在天人关系的认识上，王安石一方面反对天人感应的说法，认为天人相分。他的理论基础是元气一元论。认为天地运行咸法于道，而道以元气为本体，元气内部存在着阴阳，阴阳相贼相配，对立统一，是万物变化的根据。这变化运行不受人的意志、情感的影响。同样，天没有意志，没有情感，也无预于人之善恶。"天之为物也，可谓无作好，无作恶，无偏无党，无反无侧"。另一方面，他认为天道尚变，人应"顺天而效之"，不能因为天人相分，就在行动中不顾客观规律。主张"天下事物之变相代乎吾之前"，"必度其变"，对相关措施"时有损益"。

北宋时，社会承平的背后，矛盾重重，重文轻武、冗兵冗官冗费，边鄙不宁，庙堂重议论，轻实际，统治者往往利用所谓祥瑞粉饰太平，无志于变革。王安石在天人相分的理论基础上，提出天变不足畏，祖宗不足法，人言不足恤，原其心思志意，在于为国为民，体其胆略担当，诚可谓勇力如虎。

王安石致力学术研究，撰修《三经新义》(即《毛诗义》、《尚书义》、《周官新义》)及《字说》，实践其"以经术造士"的思想。在此基础上，形成世所称之"荆公新学"。新学属于北宋时期开始兴起的儒家心性之学，即所谓的"道德性命之学"或"性理之学"，是当时理学思潮中的一个重要学派。从王安石等人否定传统章句训诂之学，鄙薄汉唐传注，注重义理阐发，立足儒学，推崇孟子其人其书，提倡道德义理，追求理想人格，公开汲取佛道思想及诸家学术之长，探究性命、情欲、义利诸问题，可以见出他是以自己的方式，在理学的范畴内探究与时代相关之课题，以期能"度其变"，对有关政治举措"时有损益"，达到好的效果。对王安石的新学，蔡卞的评价亲切到位："自先王泽竭，国异家殊。由汉迄唐，源流浸深。宋兴，文物盛矣，然不知道德性命之理。安石奋乎百世之下，追尧、舜、三代，通乎昼夜阴阳所不能测而入于神。初著《杂说》数万言，世谓其言与孟轲相上下。于是天下之士，始原道德之意，窥性命之端。"（《文献通考》卷二百一十四）此段评价，有文献记载系出于蔡京之手。然据陈埴锷《北宋文化史述论》考证，且为学界认可，此段评价实出于蔡卞。

陆九渊《荆国王文公祠堂记》说王安石："英特迈往，不屑于流俗，声色利达之习，介然无毫毛得以入于其心，洁白之操，寒于冰霜，公之质也；扫俗学之凡陋，振弊法之因循，道术必为孔孟，勋绩必为伊周，公之志也；不蕲人之知而声光烨奕，一时巨公名贤为之左次，公之得此，岂偶然哉？"

王安石之学，始于性情、礼制而至于政治。其学以性情为一物，特内外之殊，善恶以致用为断，非性情中所有事。以此见学者舍实务虚、妄欲绝情以养性，真为大谬；性情无善恶，其见于行事则可善可恶，欲导人入于善而遏其恶，则必有赖于礼；礼始于天而成于人，故王者制作，必顺人情；情尚屡迁，礼制亦应因时适变，权事制宜，不必泥古为贵。既如此，则法可变，以其顺于时代发展与世情之所需故。陈钟凡说："综观安石学说，究其原于性情，推其用于礼乐刑政，理财练兵造士三者，施政之宏纲；'经世致用'一言，立学之本旨。此其体用兼赅，本末毕具，求之当代，实罕其伦。奈蜀洛诸子，吹毛求疵，百般訾诟，逞一时意气之争，忽国家百年之计。卒致新政次第罢免，而宋室亦日就危亡，惜哉惜哉!"(《两宋思想述评》)如果总结王安石与反对者学说的异同,不外乎变通与保守、人为与自然、唯心与唯实、实利与正谊四者之别。陈先生接着说:"儒者习见,保守而不知变通,蹈虚而不求实际,任自然而忽人事,言道义而昧实利,虽遇英断之主,强毅之臣,而良规硕画,终不得行,富强之效,乃不可期。……悲夫,此一代兴亡之绝大关键!学术思想之关系世运,岂不重哉!"
(《两宋思想述评》)

程颢赞第三三

两度师鸿儒，日与春风约。却令多寻觅，尼父颜子乐。与点夸忘机，见猎犹欢跃。乃知涵养难，造物生意着。泛滥入百家，老释艰辛索。何如收放心，天理自体度。噫！识仁定性悟生生，九层之台大做脚。

程颢（1032—1085），字伯淳。河南洛阳人。北宋思想家，理学的奠基者。学者称明道先生。

程颢与程颐是亲兄弟，成名后，人们乃以大程子与小程子称之。程颢十五六岁时，与其弟程颐从学于周敦颐门下，并曾两度从敦颐游。在中国古人的表述体系中，说到师弟相亲，志同道合，相互爱重，关系融洽，往往以孔子与曾参为例，提及各言其志之"吾与点也"。程颢也一样，他说："再见茂叔后，吟风弄月以归，有'吾与点也'之意。"（《二程集·河南程氏遗书》）可以想见，他们师弟间问道向学、教学相长的快乐情形，定是如同坐在春风里。

然而，老师总要把学问的妙处传授给学生，总要让学生在潜移默化中得到教益与荣养，也总要让学生自己去挖掘体味那悠然心会、难与君说之妙处。周敦颐一代大儒，也不例外。程颢说："昔受学于周茂叔，每令寻仲尼、颜子乐处，所乐何事。"（《宋元学案·濂溪学案》）寻孔颜乐处，体其所乐何事，这是一个大题目。这是一代大儒给后学者——也将成为大儒的人出的题目。孔颜乐处，自是活泼泼的，是亲亲切切的生活，没有学养体味不到，没有功夫体味不到，那也是有其真意在，有欲辩忘言之真意在的。

修养之进境，要须渐得。有时觉得已经了悟放下，其实只是一时得入，当下痛切，真正巩固，要俟时日。程颢从学茂叔，以为可了之事，结果却证明仍需砥砺。"吾年十六七时，好田猎。既见茂叔，则自谓已无此好矣。茂叔曰：'何言之易也！但此心潜隐未发，一日萌动，复如初矣。'后十二年，复见猎者，不觉有喜心，乃知果未也"（《宋元学案·濂溪学案》）。这里，学生的感觉与表述是诚实的、真实的，老师的教诲是亲切的、鲜活的，效果是异样的、快乐的。而这则故事给出的教益则是在告诉人们，涵养心灵何等重要，涵养心灵何等艰难，涵养心灵又是何等快乐！

程颢品味着生活的滋味与内涵，体会着造物生意。他的天性快乐无忧，生机勃勃。他爱山爱水，爱其所遇，傍花随柳，随处偷闲，无事不从容，且万物自得，几至于物我两忘："云淡风轻近午天，傍花随柳过前川。时人不识余心乐，将谓偷闲学少年。"（《春日偶成》）"闲来无事不从容，睡觉东窗日已红。万物静观皆自得，四时佳兴与人同"（《秋日偶成》）。

因为要看造物生意，于是茂草覆阶而不芟除；因为要体会万物自得意，于是置盆池畜小鱼观其游弋。是人在观，是心在与之俯仰。

其实，程颢也不是一下子就进入理学之途的。他自己说："自十五六时，与弟正叔闻汝南周茂叔论学，遂厌科举之习，慨然有求道之志。泛滥于诸家，出入于老、释者几十年，返求诸六经而后得之。"（《宋元学案·明道学案》）不过，他虽然也有求索之过程，但毕竟有名师，入门正，自家资质也高。因此，居然被他体贴出一个大道理来："吾学虽有所授受，'天理'二字，却是自家体贴出来。"（《宋元学案·明道学案》）我们知道，有时我们求索寻觅，高天远地，奔来驰去，最终无所发现，然而，回到家中，却往往会有进境，觉得要得到的东西原本具在身边。正如唐人诗所说："尽日寻春不见春,芒鞋踏遍陇头云。归来笑拈梅花嗅,春在枝头已十分。"这样看,程颢的体贴,恐亦是寻觅渐进之后的结果。

钱穆先生对程颢自家体贴的表述大加称赏。他说:"这两句话,道尽了他学问的真精神。第一,他的学问,完全由他自己实生活里亲身体验来,并不从书本文字言说上建基础。第二,他提出了'天理'二字。此所谓天理,却不是指的宇宙之理,而实指的是人生之理。他只轻轻把天字来形容理,便见天的分量轻,理的分量重。于是他便撇开了宇宙论,直透入人生论。这一点,尤值我们之注意。我们也可说,'天理'二字,是他学问的总纲领,总归宿。"(《宋明理学概述》)

由讲宇宙,转到人生,是程颢之前周敦颐、邵雍、张载的途径,好则好,只是不够直接。程颢直接从人生经验来建构理论,新且得所,鞭辟近里。

程颢说:"天者理也",天道即"生","天只是以生为道",故"天地之大德曰生"。既然生是天道,是天地之心,于是称天道为仁。天道生生不已,二气化生万物,人系其中得天地中正之气者,"人与天地一物也"。人若明白天地万物本与我一体,就是仁者,"仁者浑然与万物同体"。物即我,我即物,与物无对,忘其内外,心澄然无事。无事则定,定则明,于是便"廓然而大公,物来而顺应",就可进入圣域。人心自有明觉,自家原是天然完全自足之物,具有良知良能,可以凭直觉体会真理,即通过直觉冥会,达到物我合一。所谓识仁、定性,即在此过程中也。

天理无时不存,无往不在,仁者与万物同体,故程颢让人从生活中修悟体贴，其实也只是让人知道"我是我"。他说："圣贤千言万语，只是欲人将已放之心，约之使反复入身来，自能寻向上去，下学而上达也。"（《宋元学案·明道学案》）只要识仁定性，做什么都可为学，而敬则是方法："某写字时甚敬，非是要字好，只此是学。"（《二程集·河南程氏遗书》）"学者须敬守此心，不可急迫，当栽培深厚，涵泳于其间，然后可以自得。但急迫求之，终是私己，终不足以达道"（《二程集·河南程氏遗书》）。一切修为，只是要使我识仁定性，只是要大我之心，以合于无所不在之天理："须是大其心使开阔。譬如为九层之台，须大做脚始得。"（《二程集·河南程氏遗书》）

程颐赞第三四

若言狮扑来，直须伸手搏。入道莫如敬，致知物当格。立雪严师道，杨时共游酢。拘检异子瞻，于焉分蜀洛。削籍窜荒州，追随人如昨。尊闻行所知，不必及门阁。噫！冲漠无朕万象森，天地一理莫穿凿。

程颐（1033—1107），字正叔。河南洛阳人。北宋思想家，理学的创立者之一。世称伊川先生。

程颐是程颢的弟弟，人称小程子。

人的思想与行为方式，总要受到家族、家庭的影响。二程的母亲侯氏是贤母，影响二程至为深远。在《上谷郡君家传》中，程颐记载了母亲一生大略，其仁爱贤德令人钦敬，而其注重实际、果断斩截，也给人印象极深。《传》载："在庐陵时，公宇多怪。家人告曰：'物弄扇。'夫人曰：'热尔。'又曰：'物击鼓。'夫人曰：'有椎乎？可与之。'后家人不敢复言怪，怪亦不复有，遂获安居。"（《二程集·河南程氏文集》）这是一个不怕鬼的故事。鬼物弄扇子，夫人说是因为热了才如此；鬼物击鼓，夫人说，有鼓槌吧？给他吧。平常视之。人不复言怪，怪不复有，所谓见怪不怪，其怪自败也。曾有人对程颐说"常见狮子扑来"，程颐告诉他："再见便伸手捉。"其人遵行，不复见有狮。而程颢也曾捕茅山龙池蜥蜴而脯之。此皆有手段，所谓能解连环、斩乱麻者。

程颐于理学贡献极大。欲明其贡献，须体认理学的本真到底是什么。人们的普遍认识是，理学是挂着招牌的禅宗、道家、道教、儒学的混合产品。你看，先天太极，是道教；谈心说性，是佛教；灾异感应，是汉之儒学。不过，其中主要的东西却是古来道家自然哲学中的天道观念，也就是天理观念，所以，叫理学，也叫道学。二程在理学中地位高崇，然而，二者思想却有一定区别，大程子去世早，小程子有发展。全祖望说："大程子早卒，向微小程子，则洛学之统且中衰矣！戢山先生尝曰：'小程子大而未化，然发明有过于其兄者。'信哉！"（《宋元学案·伊川学案》）胡适说二程之成就甚详："程颢最初提出'天理'的观念，要人认识那无时不存，无往不在的天理。人生的最高境界只是体认天理，'廓然而大公，物来而顺应'。这是纯粹的道家的自然哲学。程颐的天资不如他的哥哥，但比他哥哥切实的多。他似乎受了禅宗注重理解的态度的影响，明白承认知识是行为的向导，'譬如行路，须要光照'。他提出了一个重要的方案，规定了近世哲学的两条大路：涵养须用敬，进学则在致知。'敬'是中古宗教遗留下来的一点宗教态度。凡静坐、省察、无欲，等等，都属于'主敬'的一条路。'致知'是一条新开的路，即是'格物'，即是'穷理'：'即凡天下之物，莫不因其已知之理而益穷之，以求至乎其极。'所以程子教人'今日格一物，明日又格一物；今日穷一理，明日又穷一理'。后来的理学都跳不出这两条路子。"（《中国哲学史》）

　　程颐非常重视致知。他说："须是知了方能行得。若不知，只是觑了尧，学他行事，无尧许多聪明睿知，怎生得如他动容周旋中礼？……未致知，怎生得行？勉强行者，安能持久？除非烛理明，自然乐循理。"（《宋元学案·伊川学案》）而致知有其深浅，要自家体会。他认为，致知功夫在思，思始能有觉悟，有觉悟始是学。而这思，则是格物，因其不仅是从闻见中求知，而且是从德性上求真知。物与身接，其间有一理，此理则合内外，为我德性中所固有，格物目的是自明我德性中所固有之理："'致知在格物'，非由外铄我也，我固有之也。因物有迁，迷而不悟，则天理灭矣。故圣人欲格之。"（《二程集·河南程氏遗书》）

与程颢和粹之气盎于面背不同，程颐则接人以严毅。朱光庭之"某在春风中坐了一月"，说的是大程子之宽和；而游酢、杨时之立雪程门，则说的是小程子之严峻。这一点，他们兄弟自己是知道的。程颢曾说："异日能使人尊严师道者，吾弟也。若接引后学，随人才而成就之，则予不得让焉。"（《二程集·河南程氏遗书》）

因为程颐严整，与人往往不和。"伊川与君实语，终日无一句相合；明道与语，直是道得下"（《二程集·河南程氏外书》）。而纯粹文人性格的苏轼与程颐更无法相处："伊川在经筵……士人归其门者甚盛，而先生亦以天下自任，议论褒贬，无所顾避。方是时，苏子瞻轼在翰林，有重名，一时文士多归之。文士不乐拘检，迕先生所为，两家门下迭起标榜，遂分党为洛、蜀。"（《宋元学案·伊川学案》）细检所为分歧者，皆琐细之事，然性格之不可强也若此。

程颐晚年因党争远贬涪州，后更因此尽逐其门生。然四方从学之人相从不舍。程颐对他们说："尊所闻，行所知，可矣，不必及吾门也。"

程颐认为，天地间只有一个理，这理是永恒长存的。一物之理即万物之理。既然理只有一个，岸草、池鱼、驴鸣、鸡啄莫非活泼天真，人怎样才能如此自然而中节呢？对此，程颐提出"未发之中"的观点。他要求人们从喜、怒、哀、乐未发时下功夫，因为"喜、怒、哀、乐未发时，心上浑无喜、怒、哀、乐，但喜、怒、哀、乐却浑然全在里"。但这下功夫，只是涵养，而不可安排。安排是闻见之知，涵养所得才是德性之知："冲漠无朕，万象森然已具，未应不是先，已应不是后。如百尺之木，自根本至枝叶，皆是一贯，不可道上面一段事，无形无兆，却待人旋安排引入来，教入途辙。既是途辙，却只是一个途辙。"(《二程集·河南程氏遗书》)

朱熹赞第三五

初见李先生，颓然一野老。便作等闲看，蹉跎辜负了。广读济冥思，学海烟波渺。退经进四书，气朗云天浩。并尊周张程，道统相继绍。理气动静间，大成探其妙。噫！心性理欲说分明，格物致知行益好。

朱熹（1130—1200），字元晦，号晦庵。婺源人。南宋思想家，理学代表人物。

朱熹自称："某年十五六时，亦曾思禅学。"连参加科举考试他还看禅师语录。年二十四始从学于李侗。开始认李侗为平常："李先生居山间。亦殊无文字看……不著书、不作文，颓然若一田夫野老。"不过，他注意到了李先生学问变化气质："李先生初间，也是豪迈底人。……夜醉，驰马数里而归。后来养成徐缓，虽行一二里路，常委蛇缓步，如从容室中也。"（《宋元学案·豫章学案》）更注意到李先生的从容涵养："李先生涵养得自是别，真所谓不为事物所胜者。古人云：'终日无疾言遽色。'他真个是如此。如寻常人去近处必徐行，出远处行必稍急；先生去近处也如此，出远处亦只如此。寻常人叫一人，叫之二三声不至，则声必厉；先生叫之不至，声不加于前也。又有坐处壁间有字，某每常亦须起头一看。若先生则不然，方其坐时固不看也，若是欲看，则必起就壁下视之。"（《宋元学案·豫章学案》）李侗言行符合喜、怒、哀、乐未发之中。他曾经教朱熹，命其静中看喜、怒、哀、乐未发之谓中，未发时作何气象，朱熹检讨说："当时既不领略，后来又不深思，遂成蹉过，孤负此翁耳。"（《宋元学案·豫章学案》）不过，朱熹自己承认："三十年前长进，三十年后长进得不多。"可见其学问基础毕竟与从学李侗有关。

李侗去世，朱熹与张栻交往，思想有变化。盖李侗主张默坐澄心，静中存养未发之中，而张栻则主张"察识先于存养"。朱熹此时也认为心无未发，只应于已发时求未发。直到四十岁时，才转而悟其非，又回到李侗的思想上来："向来讲论思索，直以心为已发，而日用功夫亦止以察识端倪为最初下手处。以故缺却平日涵养一段功夫，使人胸中扰扰，无深潜纯一之味，而其发之言语事为之间，亦常急迫浮露，无复雍容深厚之风。盖所见一差，其害乃至于此，不可以不审也。"（《朱子晚年全编》卷七）此时朱熹应觉中间一段荒唐，真正辜负了李翁。

然而光是涵养，终亦有不济事处。于是朱熹便在读书上用力，以图救治程门。他海量读书著述，用大业以济盛德："《易》曰：'盛德大业至矣哉！富有之谓大业。'须是如此，天下事无所不当理会者，才工夫不到，业无由得大。少间措诸事业，便有欠缺，此便是病。"（《朱子语类》卷九十五）

赞文所言"退经进四书"，系指朱熹退"经"而进"四子书"为言，这里说的"进"与"退"，是从为学的顺序主次相对而言，并非绝对化的"进"与"退"。正是从这个角度，朱熹才说经书似鸡肋，经书不须理会，以其不如"四子书"来得直接，来得爽利："《易》非学者之急务也。某平生也费了些精神理会《易》与《诗》，然其得力则未若《语》、《孟》之多也。《易》与《诗》中所得，似鸡肋焉。"（《朱子语类》卷一百四）"《诗》、《书》是隔一重两重说，《易》、《春秋》是隔三重四重说。《春秋》义例、《易》爻象，虽是圣人立下，今说者用之，各信己见，然于人伦大纲皆通，但未知曾得圣人当初本意否。且不如让渠如此说，且存取大意，得三纲、五常不至废坠足矣。今欲直得圣人本意不差，未须理会经，先须于《论语》、《孟子》中专意看他，切不可忙"

（《朱子语类》卷一百四）。这在当时，有当实际，振聋发聩，无怪乎黄震说："朱子谓《易》本卜筮，谓《诗》非刺美，谓《春秋》初不以一字为褒贬，皆旷世未闻之高论，而实皆能追复古始之正说。乍见骇然，熟辄心靡。卓识雄辩，万古莫俦。"（《黄氏日钞》）

朱熹把周敦颐、张载与二程并尊，后人并他一起，奉为宋学正轨。这样一来，濂、关、洛、闽汇合，周、张的宇宙学说与二程的心性修养加上朱熹的读书法汇合，宋学蔚为大观。

朱熹理气之说，本于程颐。他分理气为二，一形而上，一形而下。又说理非别有一物，即存乎是气之中。"天地之间，只有动静两端，循环不已，更无余事"（《朱文公集》卷四十五）。可见朱熹所谓理，实与周敦颐之太极相同，而所谓气，其实就是阴阳："阴阳是气，五行是质。有这质，所以做得物事出来。五行虽是质，他又有五行之气，做这物事方得。然却是阴阳二气，截做这五个，不是阴阳外别有五行。"（《朱子语类》卷一）于是，便有宇宙的起源与万物之发生的想象："天地初间，只是阴阳之气。这一个气运行，磨来磨去，磨得急了，便拶去许多渣滓。里面无处去，便结成个地在中央。气之清者便为天，为日月，为星辰，只在外常周环运转，地便在中央不动，不是在下。"（《宋元学案·晦翁学案》）

"造化之运如磨，上面常转而不止。万物之生，似磨中撒出，有粗有细，自是不齐"（《朱子语类》卷一）。"生物之初，阴阳之精，自凝结成两个，后来方渐渐生去。万物皆然。如牛羊草木，皆有牝牡，一为阳，一为阴。万物有生之初，亦各自有两个。故曰'二五之精，妙合而凝'"（《朱子语类》卷九十四）。

朱熹论性，甚具精义。他说："天地之间只是一个道理。性便是理。人之所以有善有不善，只缘气质之禀各有清浊。"（《朱子语类》卷四）他既认为理即太极，于是则理无不善。他又说性便是理，于是则性亦无不善。在此基础上，他进而认为，性的本体实无不善，其所不善，皆系为气所累，因为人所禀受之气，有清明浑厚之气，也有天地之戾气，且个体之所禀受更有大小多寡之别："人物未生时，只可谓之理，说性未得"，"才谓之性，便是人生以后，此理已堕在形气之中，不全是性之本体矣"（《朱子语类》卷九十五）。"人物性本同，只气禀异。如水无有不清。倾放白椀中，是一般色。及放黑椀中，又是一般色。放青椀中，又是一般色"（《朱子语类》卷四）。"性如日光，人物所受之不同，如隙窍之受光有大小。人物被形质局定了，也是难得开广"（《朱子语类》卷四）。他将性分为天地之性与气质之性："论天地之性，则专指理言。论气质之性，则以理与气杂而言之。未有此气，已有此性。气有不存，而性却常在。虽其方在气中，然气自是气，性自是性，亦不相夹杂。至论其遍体于物，无处不在。则又不论气之精粗，莫不有是理。"（《朱子语类》卷四）于是他说："人生都是天理，人欲却是后来没巴鼻生底。"（《朱子语类》卷十三）

程颐讲涵养须用敬，修学在致知；朱熹讲居敬穷理，二者有源有流。居敬是修养功夫；穷理为学问功夫。"能穷理，则居敬工夫日益进；能居敬，则穷理工夫日益密"（《朱子语类》卷九）。不过，"万事皆在穷理后。经不正，理不明，看如何地持守，也只是空"（《朱子语类》卷九）。

全祖望《宋元学案·晦翁学案》说："杨文靖公四传而得朱子，致广大，尽精微，综罗百代矣！江西之学，浙东永嘉之学，非不岸然，而终不能讳其偏。然善读朱子之书者，正当遍求诸家，以收去短集长之益。若墨守而屏弃一切焉，则非朱子之学也。"朱熹学术，在宋以下思想史上，影响巨大，对旧中国宋以后社会统治思想之影响亦无可比拟。

吕祖谦赞第三六

自厚薄责人，终身无暴怒。家学有渊源，不比风中露。保泰以持盈，融通无罣误。从他举世狂，干戈当空舞。卑之论毋高，说史多回护。以此开浙东，屦履集庭户。噫！谁谓杂博少精神。宋学叛帜自公树。

吕祖谦（1137—1181），字伯恭。婺州金华人。南宋史学家、思想家。与朱熹、张栻齐名，称"东南三贤"。学者称东莱先生。

吕祖谦少时，性情褊直。后因病中读《论语》中之"躬自厚而薄责于人"有感悟，遂改易性情，终其一生，不以暴怒临人事。其实，读一句经典文字固然会对人产生重大影响，甚至改易性情，然而，吕祖谦性格的改易，与其家学传统亦有大关涉。吕祖谦的家族，是宋代硕果仅存的几个世家大族之一，南渡之后，吕家更得中原文献之传。全祖望《宋元学案》，载入吕氏一门计七世十七人，彬彬称盛。吕氏家学，大抵主张调和斟酌，平易亲切，笃厚谨慎，不事偏险，人物率皆量闳学粹。吕祖谦在这样的环境中薰染，性情变歧入正，正所谓蓬生麻中，不扶而直。

吕家的这种学术传统，在宋学中独树一帜，称得上难能可贵。因为宋学家大多是新兴的平民派，于是带来的几乎全然是一派新进发越气象：风气凌厉，新鲜率尔，重理论，不重传统，重创获，不重因循，重理学，不重史学，喜欢张扬所长，排斥异端，至于睚眦必报，不能容人。用钱穆的话说，"初期宋学近乎狂。其实正统宋学也全是狂"。而吕家承袭前代遗风，恪守门第传统，保泰持盈，和而不争，长厚融通，不为矫激。祖谦为人，宽大和顺，终身无暴怒，不肯公开排斥人，不解藏人之善，奖掖后学，不遗余力。祖谦为学，以当时风气论，缺乏革命性，卑之无高论，常存回护体谅甚至妥协心，调和朱陆异见，尽心竭力。这均与其家风有关。而这种风格在当时是孤立的，以是，常受人诟病。朱熹对之曾有批评："伊川发明道理之后，到得今日，浙中士君子有一般议论，又费力，只是云不要矫激。遂至于凡事回互，拣一般偎风躲箭处立地，却笑人慷慨奋发，以为必陷矫激之祸，此风更不可长。如严子陵是矫激分明，吕伯恭作《祠记》，须要辨其非矫激。想见子陵闻之，亦自一笑。子陵之高节，自前汉之末，如龚胜诸公不屈于王莽者甚多，《汉书》末后有传可见。光武是一个读书识道理底人，便去尊敬严子陵。子陵既高蹈远举，又谁恤是矫激不是矫激在！胡文定父子平生不服人，只服范文正公《严子陵祠记》云：'先生之心，出乎日月之上；光武之量，包乎天地之外。微先生不能成光武之大，微光武岂能遂先生之高？'直是说得好！其议论什么正大！往时李太伯作《袁州学记》，说崇诗书，尚节义，文字虽粗，其说振厉，使人读之森然，可以激懦夫之气。近日浙中文字虽细腻，只是一般回互，无奋发底意思，此风渐不好。其意本是要惩艾昔人矫激之过，其弊至此。孔子在陈，思鲁之狂士，盖狂士虽不得中，犹以奋发，可与有为。若一向委靡，济甚事！"（《朱子语类》卷一百二十二）

尽管朱熹等人对吕祖谦多所批评，吕祖谦在当时却真的非常努力调和着朱熹和陆九渊的矛盾，且主张为学不主一家，于中可见其胸襟气象。他说："既自做得主张，则诸子百家长处，皆为吾用。"（《宋元学案·紫微学案》）针对当时学者假正心诚意以为浮谈，视经世之务以为未事的弊端，吕祖谦著《周礼说》以图救之。其言曰："教国子以三德三行，立其根本，固是纲举目张，然又须教以国政，使之通达治体。古之公卿，皆自幼时便教之，以为异日之用。今日之子弟，即他日之公卿，故国政之是者，则教之以为法；或失，则教之以为戒。又教之以如何整救，如何措画，使之洞晓国家之本末源委，然后他日用之，皆良公卿也。自科举之说兴，学者视国事如秦、越人之视肥瘠，漠然不知，至有不识前辈姓名者。一旦委以天下之事，都是杜撰，岂知古人所以教国子之意。然又须知上之人所以教子弟，虽将以为他日之用，而子弟之学，则非以希用也。盖生天地间，岂可不知天地间事乎！"在当时，这真是学界的一剂良药。

吕祖谦为浙东史学开山，性既宽和，又重实际，聚徒讲学，从学者甚多。陆九渊说："伯恭在衰经中，而户外之屦恒满。"由于门下生徒往来太盛，几番谢遣，几番又重来，使得张栻认真提醒："去年闻从学者甚众，某殊谓未然。若是为举业而来，先怀利心，岂有利上诱得就义之理。但旧已尝谢遣，后来何为复集？今次须是执得定。亦非特此事，大抵老兄平日似于果断有所未足，时有牵滞，流于姑息。虽是过于厚，伤于慈，为君子之过，然在他人视我，则观过可以知仁，在我则终是偏处。仁义常相须，义不足，则仁亦失其正矣。"（《宋元学案·东莱学案》）

朱熹以吕祖谦学问为博杂，并说："博杂极害事。伯恭日前只向杂博处用功，却于要约处不曾子细研究。"（《宋元学案·东莱学案》）批评者虽如是说，而事实上，后来，却正是由被认为博杂的吕祖谦导源，浙学中的永康学派发出了与正统宋学不一样的声音，给学术带来了新变化。

全祖望说："小东莱之学，平心易气，不欲逞口舌以与诸公角，大约在陶铸同类以渐化其偏，宰相之量也。惜其早卒，晦翁遂日与人苦争，并诋及婺学。而《宋史》之陋，遂抑之于《儒林》。然后世之君子终不以为然也。"（《宋元学案·东莱学案》）

陆九渊赞第三七

天地何穷际，有子亦支离。宇宙已分内，此理无所
歧。功夫人事物，笃实筑根基。从游得一见，便知术
业微。棋以长精神，瑟以见德丕。鹅湖做佳会，风动
入玄机。噫！发明本心求放心，胜心辨志养天姿。

陆九渊（1139—1193），字子静，自号存斋。抚州金溪人。南宋思想家、理学家。学者称象山先生。

陆九渊的家庭对其成长和后来的为学影响甚大。他的家庭，累世义居，例推一最长者为家长，子弟则分任家事。九渊兄弟六人，九思、九叙、九皋、九韶、九龄、九渊。九韶、九龄与九渊合称"三陆"。而在思想界与朱熹闽学分庭抗礼者，则是九渊。

"三陆"闭门为学，学无师承，然因累世义居，于世事人情，自有其独到的洞明与练达。而其学问，亦有其独到的体悟与精神。

九渊于"三陆"中天分最高。史载其"生三四岁，问其父天地何所穷际，父笑而不答。遂深思，至忘寝食。及总角，举止异凡儿，见者敬之。谓人曰：'闻人诵伊川语，自觉若伤我者。'又曰：'伊川之言，奚为与孔子、孟子之言不类？近见其间多有不是处。'初读《论语》，即疑有子之言支离。他日读古书，至'宇宙'二字，解者曰'四方上下曰宇，往古来今曰宙'，忽大省曰：'宇宙内事乃己分内事，己分内事乃宇宙内事。'又尝曰：'东海有圣人出焉，此心同也，此理同也。至西海、南海、北海有圣人出，亦莫不然。千百世之上有圣人出焉，此心同也，此理同也。至于千百世之下有圣人出，此心此理，亦无不同也。'"（《宋史·儒林传》）

有一天，九龄问九渊："吾弟今在何处做工夫？"答："在人情事势物理上做些工夫。"三陆兄弟友爱和睦，互相砥砺，自然学问日进。九韶号梭山居士，九龄称复斋先生，三陆的相同点是以不传之学为己任，以舍我其谁自居。论者以为，"三陆子之学，梭山启之，复斋昌之，象山成之"（《宋元学案·梭山复斋学案》）。

　　九渊三十四岁登进士第,学问已具规模。初到临安,多士慕其名,从游者甚众。九渊能知人心术之微,言中其情,多至汗下。或有有怀于中而不能自晓者,则为之条析其故,一一悉如其心。亦有相去千里,素无雅故,与闻其概,则能尽得其为人。这一方面是因为九渊天资独特,更主要的则是得力于其认真读书,悉心参悟,故而能体察人情世故之微。他曾经说:“念虑之不正者,顷刻而知之,即可以正。念虑之正者,顷刻而失之,即为不正。有可以形迹观者,有不可。以形迹观人,则不足以知人。必以形迹绳人,则不足以救之。”(《宋史·儒林传》)可见其体会之深。

　　九渊在临安,宾客盈门,旁无虚宇,并假于馆,后罢官归来,则从学者愈盛。每诣城邑,环坐二三百人,至不能容。结茅象山,学徒复大集,盛况空前:“先生常居方丈。每旦精舍鸣鼓,则乘山轿至。会揖,升讲座……学者又以一小牌书姓名年甲,以序揭之,观此以坐,少亦不下数十百。”(《陆九渊集》卷三十六)居山五年,来见者案籍逾数千人。实为宋人讲学开一生面。而他平居,则亦十分自得而有趣味:“平居或观书,或抚琴。佳天气则徐步观瀑,至高诵经训,歌《楚辞》及古诗文,雍容自适”,“棋所以长吾之精神,瑟所以养吾之德性。艺即是道”(《陆九渊集》卷三十六)。至其内心,则更是轻清自在:“内无所累,外无所累,自然自在,才有一些子意便沉重了。彻骨彻髓,见得超然,于一身自然轻清,自然灵。”“风恬浪静中,滋味深长”(《陆九渊集》卷三十五)。不过,九渊也不是每日悠悠的,他也重视武事,曾剪指爪,习弓马。

九渊三十七岁时，吕祖谦约九龄、九渊与朱熹会于江西广信之鹅湖寺，论说学术异同。"论及教人。元晦之意，欲令人泛观博览，而后归之约。二陆之意，欲先发明人之本心，而后使之博览。朱以陆之教人为太简，陆以朱之教人为支离"（《陆九渊集》卷三十六）。朱、陆有异同，然而，后来朱特邀九渊到白鹿洞讲学，并跋其讲义曰："发明敷畅，则又恳到明白，而皆有以切中其隐微深痼之病，听者莫不悚然动心焉。于此反身而深察之，则庶乎其可以不迷入德之方矣。"（《宋元学案·象山学案》）朱、陆论学见解有不同，然友谊甚笃。后学有门户主奴之见，殊非两先生本志。

宋代思想，至朱熹而集大成。虽其倡言天即理，理即性，已有唯理派倾向，然观其天理、人欲之辨，人心、道心之分，仍不出程颐理气二元说范围。

九渊持唯理一元之说，破朱熹天理、人欲之盾："天理人欲之言，亦自不是至论。若天是理，人是欲，则是天人不同矣。此其原盖出于老氏。《乐记》曰：'人生而静，天之性也；感于物而动，性之欲也。物至知知，而后好恶形焉。不能反躬，天理灭矣。'天理人欲之言，盖出于此。《乐记》之言，亦根于老氏。且如专言静是天性，则动独不是天性邪？"（《陆九渊集》卷三十四）《乐记》所言，本于老子守静之旨。九渊认为，动静皆出于性，性只有一个，不可分裂。

九渊持心体唯一之说，破朱熹道心、人心之盾："《书》云：'人心惟危，道心惟微。'解者多指人心为人欲，道心为天理，此说非是。心一也，人安有二心？自人而言则曰惟危，自道而言则曰惟微。罔念作狂，克念作圣，非危乎？无声无臭，无形无体，非微乎？"（《陆九渊集》卷三十四）从不同方面观察，有人心、道心。然无害于心只有一个的真相。

于是，宇宙唯理："塞天地一理也"、"塞宇宙一理也"；心即理："心，一心也。理，一理也。至当归一，精义无二。此心此理，实不容有二。故夫子曰：'吾道一以贯之。'孟子曰：'夫道一而已矣。'"（《陆九渊集》卷一）

因此，九渊哲学以发明本心为宗旨："近有议吾者云：除了'先立乎大者'一句，全无伎俩。吾闻之曰：诚然。"（《陆九渊集》卷三十四）所谓"先立乎大者"，即先知"道即吾心，吾心即道。道外无事，事外无道"（《陆九渊集》卷三十五），"人皆有是心，心皆具是理，心即理也"（《陆九渊集》卷十一），"宇宙便是吾心，吾心即是宇宙"（《陆九渊集》卷二十二）。从心即理出发，九渊提出反省内求简易直接的存心、养心、求放心的方法："此理本天所以与我，非由外铄。明得此理，即是主宰"，"人孰无心，道不外索，患在戕贼之耳，放失之耳。古人教人不过存心、养心、求放心。此心之良，人所固有，人惟不知保养而反戕贼放失之耳"（《陆九渊集》卷五）。读书是为了印证"此心之良，人所共有"。若以深处说，九渊学问一是胜心："今世人浅之为声色臭味，进之为富贵利达，又进之为文章技艺。又有一般人都不理会，却谈学问。吾总以一言断之曰：'胜心。'"一是辨志："傅子渊自此归其家，陈正己问之曰：'陆先生教人何先？'对曰：'辨志。'复问曰：'何辨？'对曰：'义利之辨。'"（《陆九渊集》卷三十四）

杨简赞第三八

扇讼两纷纭，本心当不苟。慈湖止如是，象山更何有。乃得学术师，法门严相守。既居要路津，循笃期不朽。践履无瑕疵，直至皤然叟。闺门如大宾，敬谨敦且厚。噫！吾性洞然无际量，我为天地君知否？

杨简 (1141—1226)，字敬仲。明州慈溪人。南宋哲学家。学者称慈湖先生。

杨简乾道五年 (1169) 中进士，调富阳主簿。当时他反观省视，觉得天地万物通为一体，非吾心外事。陆九渊到富阳，夜间与杨简在双明阁集会，会中陆几次提起"本心"二字。杨简于是问什么是本心？陆就地取材，回答说：拿你今天所听的关于扇子的诉讼来说，那诉讼的双方，一定有一方是对的，一方是错的。如果你辨得出谁对谁错，你就肯定地认为某甲对，某乙错。这不是本心是什么？杨简听了此话，忽觉心底澄然清明，马上问道："就只这样吗？"陆厉声回答："还有什么？"杨简退出，端坐一夜，天明即拜在陆氏门下，成为陆氏大弟子，终为心学之传薪者。

据说，杨简尝宿山间，读书有疑，终夜不能寐，待到曈曈欲晓，觉得好像有东西从身上洒然脱卸而去，从此道心益明。

杨简守陆氏法门，大胆吸收佛家思想，对陆氏之学有发展，且严其与程与朱之壁垒。因此他的对手们对他颇有非辞。朱熹说："陆子静、杨敬仲自是十分好人，只似患净洁病底。又论说道理，恰似闽中贩私盐底，下面是私盐，上面以鲞鱼盖之，使人不觉。"盖谓其本是禅学，却以吾儒说话遮掩（《朱子语类》卷一百二十四）。朱熹弟子陈淳之语则已经近乎攻击："浙间年来象山之学甚旺，由其门人有杨、袁贵显，据要津唱之，不读书，不穷理，专做打坐工夫。求形体之运动知觉者以为妙诀，又假托圣人之言，牵就释意，以文盖之。慈湖才见伊川语，便怒形于色，朋徒私相尊号为师祖，以为真有得于千载不传之正统。严陵有詹、喻辈护法，其或读书，却读《语孟精义》，而不肯读《集注》，读《中庸集解》，而不肯读《章句或问》，读《河南遗书》，而不肯读《近思录》，读《通书》，而不肯读《太极图》，而读《通书》只读白本，不肯读文公解本。某极口为之明白剖晰，邦人始有知邪正所由分者，异端曲学，赃证暴露。"（《宋元学案·慈湖学案》）这些议论，去除学派门户意气，亦可见朱、陆两派壁垒之严。

其实说杨简不读书、不穷理是不确的。杨简博学，著述丰富。谢山说他"慈湖于诸经俱有所著，垂老，更欲修群书以屏邪说而未就"。他自己也说："学不可以不博，不博则偏，则孤。"说杨简专做打坐功夫也不准确。杨简平生重践履，持循笃，关怀众生，提倡日用庸常即为道，不能说是只重打坐功夫。要之，此二条或为其学派末流之弊。

杨简的私人生活，自持甚严。《蒙斋集·乐平慈湖遗书阁记》曰："先生自幼，志圣人之学，久而融贯，益久而纯。平生践履无一瑕玷。处闺门如对大宾，在暗室如临上帝。年登耄耋，兢兢敬慎，未尝须臾放佚。此先生之实学也。凡先生之所言者，言此而已；学者之所以学先生，学此而已。"《淳熙四先生祠堂碑文》曰："慈湖斋明严恪，非礼不动，生平未尝作一草字，固非恃扇讼一悟以为究竟也。"《西山集·杨慈湖手书孔壁孝经跋》："司马文正公平生未尝草书，虽造次颠沛间，一点一画必如法度。观其书者，即知公之为人。慈湖先生杨公，道德学问，追媲前修，而于翰墨尤极严谨。……其酬答四方书问，无一字作行押体，盖其齐庄中正、表里惟一，故形于心画，亦绝类文正公，而清劲过之。……

鸣呼！先生不可作矣。学者即此而观之，犹足以窥大贤气象，而知立德之本云。"

杨简于行动举止规矩方圆，严遵恪守，而其于思想有时则甚为放纵跌宕。他提出的万物唯心、万物唯我的命题，就可见其气象："天地，我之天地；变化，我之变化，非他物也。""夫所以为我者，毋曰血气形貌而已也。吾性澄然清明而非物，吾性洞然无际而非量。天者，吾性中之象。地者，吾性中之形。故曰'在天成象，在地成形'，皆我之所为也……吾未见夫天与地与人之有三也。三者，形也。一者，性也……举天地、万物、万化、万理，皆一而已矣"（《宋元学案·慈湖学案》）。至于他进而提出的"今而后知此心虚明，万理万化尽在其中"（《宋元学案·慈湖学案》），"人心至灵至神，虚明无体，如日如鉴，万物毕照"（《慈湖先生遗书》卷九），则竟似以主观之心并吞了客观世界。他的弟子们为神化其学说修养，说他大悟几十，小悟多少，给他加上了更多的禅宗色彩。正是从这个角度，全祖望说他坏了象山之教："象山之门，必以甬上四先生为首，盖本乾、淳诸老一辈也。而坏其教者实慈湖。"不过，全氏对杨简是客观的，并未全然否定，他接着说："然慈湖之言不可尽从，而行则可师"，若"采其最粹且平易者，以志去短集长之意，则固有质之圣人而不谬者"（《宋元学案·慈湖学案》）。

陆九渊学派当时传承的情形是，陆传给甬上四先生和安仁三汤。甬上四先生：一舒沈，二沈焕，三袁燮，四杨简。安仁三汤：一汤千，二汤中，三汤巾。汤千、汤中后皆入于朱，汤巾传其从子汤汉与徐霖，徐霖传谢枋得。比起朱熹一派来，陆九渊派力量不大。因为朱学在宋理宗时即得到朝廷表彰，元延祐科举又用其法，于是朱学几乎可称一统。而陆学则待王阳明出才得到重视。

叶適赞第三九

贫萋历三世，生小重读书。有母称贤达，抚子在穷居。水心姿高放，识见玉不如。学问开永嘉，鼎足并陆朱。和义重功利，通商走舟车。物在则道存，考详解其愚。噫！一两相异禅无穷，遗事言道百家虚。

　　叶适（1150—1223），字正则，号水心。温州永嘉人。南宋时期著名思想家、文学家、政论家，永嘉学派的集大成者。学者称水心先生。著作有《水心文集》、《水心别集》、《习学记言》。

　　叶适出身寒门，其家"自处州龙泉徙于瑞安，贫窭三世"。叶适穷居二十余年，居无定所，先后迁居二十一处。然其母甚贤，叶适亦异常颖悟。少喜读书，因缘得从陈傅良学，前后从学请益达四十年。另据考证，叶亦曾从学于刘朔、刘愈、刘夙等。

　　宋代理学家不重视事功，往往谈理气心性。而南渡之后，国事日非。于是浙学出，主经制以求事功，力矫此前学术之失。浙学分永嘉、永康两派。永康派成于陈亮龙川，虽源于吕祖谦东莱，然与东莱有别。盖东莱言史，不偏于功利；龙川之学，破儒者门户之褊狭甚力，然究竟偏于功利。永嘉派则始于薛季宣，薛氏师事袁道洁，袁氏是程颐门人。薛氏本多功利之言，其徒陈傅良止斋继承其学，究心古人经制治法，然与二程无大别。

　　迨至叶适出现，永嘉派便呈现出与程朱不同的面貌。于此，全祖望言之甚明："水心较止斋又稍晚出，其学始同而终异。永嘉功利之说，至水心始一洗之。然水心天资高，放言砭古人多过情，其自曾子、子思而下皆不免，不仅如象山之诋伊川也。要亦有卓然不经人道者，未可以方隅之见弃之。乾、淳诸老既没，学术之会，总为朱、陆二派，而水心断断其间，遂称鼎足。"（《宋元学案·水心学案》）

　　叶适反对当时之性理空谈，对于老子、庄子、曾子、子思、孟子、佛学、汉唐诸儒、宋代理学等，均进行了大胆批判。他认为，圣人之学，必务平实，不为幽深玄远。于是认定《十翼》非孔子作，指出"无极"、"太极"等学说的谬误，认为传《易》者"为太极以骇异后学，后学鼓而从之，失其会归，而道日以离矣"（《宋元学案·水心学案》）。不唯如此，他还将周敦颐以来所谓不传之绝学者尽行颠覆，一针见血，毫不宽假。

叶適的经制之学重典章、重经济、重致用，倡改革，又讲义理。

叶適提出要"以利和义"，也就是提倡道德与功利的统一，从而反对理学的"以义抑利"和"存理去欲"。他说："衣食逸则知教，被服深则近雅"，还说："'正谊不谋利，明道不计功'，初看极好，细看全疏阔。古人以利与人，而不自居其功，故道义光明。既无功利，则道义乃无用之虚语耳"（《宋元学案·水心学案》）。叶適务求学术有用于当世，故不免功利萦怀。世人往往认为倡言功利者，心术不可问。其实并非如此。这些人不过是立说偏激一些而已。原其意，反倒本来是要以之利人。如果他们真正是图自身利益，那么只要自己做就是，又何必著书立说，昭告其心志、主张于天下呢？非唯如此，我们还觉得，持功利之说者，往往举措高洁，端肃方严。此又不可仅从纸上言词定其优劣者。

叶適反对"重本抑末"，主张通商惠工，以国家之力扶持商贾，流通货币。

叶適强调"道"存在于事物本身，"物之所在，道则在焉"（《宋元学案·水心学案》）。

叶適认为："欲折衷天下之义理，必尽考详天下之事物而后不谬。无验于事者，其言不合；无考于器者，其道不化。故观众器者为良匠，观众方者为良医，尽观而后自为之，故无泥古之失，而有合道之功。"（《宋元学案·水心学案》）

叶适强调主观服从客观，主张"以物用而不以己用"，反对用主观代替客观。否则"自用则伤物，伤物则己病矣"（《水心别集》卷七）。

叶适还认为，物由气构成，五行八卦是一气的流行变化；提出"一物为两"、"一两不同"等关于事物对立统一的命题，认为事物的对立面，如阴阳、刚柔、顺逆、离合，相禅而无穷，处于依存、转化以致无穷变化之中，并且强调"止于中庸"。他说："天下不知其为'两'也久矣，而各执其一以自遂。奇谲秘怪，塞陋而不弘者，皆生于'两'之不明。"（《水心别集》卷七）

叶适下面这一段话，可以表现其批判精神："尧、舜时亦已言道，及孔子言道尤著明，然终不的言道是何物。岂古人所谓道者，上下皆通知之，但患所行不至邪？老聃本周史官，而其书尽遗万事而特言道，凡其形貌朕兆，眇忽微妙，无不悉具。予疑非聃所著，或隐者之辞也。而《易传》及子思、孟子亦争言道，皆定为某物，故后世之于道，始有异说，而又益以庄、列、西方之学，愈乖离矣。"（《宋元学案·水心学案》）此即赞文所说的"遗事言道百家虚"。

叶适学术，以多所批评见长，而其旨则在经世。他说："读书不知接统绪，虽多无益也；为文不能关教事，虽工无益也；笃行而不合于大义，虽高无益也；立志而不存于忧世，虽仁无益也。"

（《宋元学案·水心学案》）然而，正如陈钟凡所说："统观适之学说，批评为其所长，经纶实所不逮。世人每言永嘉学者，慨然以天下为己任，其豪情盛概，诚有足多。惜其气虽盛而学不充，视江西学者之于北宋，远不逮矣。"（《两宋思想述评》）

许衡赞第四〇

鲁斋幼嗜学，贫乏无所见。得易得尚书，钞诵日不倦。既读程与朱，如登神明殿。于焉倡汉儒，三性尤所善。用人用所长，教人教所短。道在日用中，盐米随所转。噫！治生要务必先知，不则旁求身名贱。

许衡（1209—1281），字仲平，号鲁斋。怀州河内（今河南省沁阳市）人。元代思想家。

全祖望云："河北之学，传自江汉先生，曰姚枢，曰窦默，曰郝经，而鲁斋其大宗也。元时实赖之。"（《宋元学案·鲁斋学案》）

这里的江汉先生指赵复。赵复，字仁甫，德安人。元军伐宋，入德安。姚枢在军前，于俘中遇赵复，与语，奇之。赵复不欲生，月夜赴水自沉。姚枢于积尸中挽之出。携至燕，为建太极书院，以所学教学子。当时，南北不通，从赵复开始，程、朱之书才得以传到北方。姚枢与杨惟中于太极书院立周子祠，以二程、张、杨、游、朱配享，选取八千卷遗书，请赵复讲授。赵复"以周、程而后，其书广博，学者未能贯通，乃原羲、农、尧、舜所以继天立极，孔子、颜、孟所以垂世立教，周、程、张、朱所以发明绍续者，作《传道图》，而以书目条列于后"（《宋元学案·鲁斋学案》）。后来，姚枢退隐苏门，传承赵复之学。于是许衡、郝经、刘因等人也都得到赵氏之书而崇信之。赵复虽身在燕地，而长存江汉故国之思，故学者以江汉先生称之。对于赵复的作用，黄百家说之甚悉："自石晋燕、云十六州之割，北方之为异域也久矣，虽有宋诸儒叠出，声教不通。自赵江汉以南冠之囚，吾道入北，而姚枢、窦默、许衡、刘因之徒，得闻程、朱之学以广其传，由是北方之学郁起，如吴澄之经学，姚燧之文学，指不胜屈，皆彬彬郁郁矣。"（《宋元学案·鲁斋学案》）

许衡少颖悟，幼年时与儿童嬉戏，进退周旋，尽合其节，群儿敬畏，不敢冒犯。七岁入学，老师教他章句。许衡问老师读书做什么？老师回答，不过是为了科举罢了。许衡说，难道只是这样子吗？每当老师讲授，许衡定要究问所授之意旨。师无以应，于是辞去。连续三个老师都是如此。这些老师后来都在战乱中遇难，而且均无后人。许衡感念教授之恩，岁时节令，则设位祭祀，终身未阙。

许衡酷爱学习，然苦于身丁战乱，家贫无书。偶然机会，得见《尚书疏义》，乃就宿手抄而归。后避乱入徂徕山，始得王弼《易注》。于是夜思昼诵。每有言动，均预先以之为准，审度思量，而后开始。世乱流离，嗜学不辍，跟从他学习的人也渐渐多起来。

许衡律己严格。曾经于暑天经过河阳，渴甚，道旁有梨，众人争取之以食。独许衡端坐树下。别人问他，他说："非其有而取之，不义。"别人说这梨是无主的。他回答说："梨无主，吾心独无主乎？"

后来，许衡拜访姚枢，得程、朱遗书，乃谓其徒曰："昔者授受，殊孟浪也，今始闻进学之序。若必欲相从，当率弃前日所学，从事小学之洒扫应对，以为进德之基。"此后，许衡便以所得开导学者。他对儿子说："小学、四书，吾敬信如神明。能明此书，虽他书不治可也。"从此，许衡也就成了程朱理学在北方最专诚、最有力的拥护者和推行者。当时，蒙元刚刚入主中原，许衡提倡儒学，行"汉法"，间接保护了当时较为先进的中原文化，促进了民族融合。故学界评其"兴绝学于北方，其功不可泯"。

在许衡的学术思想中，对心性的看法较为突出。他认为，人有三性：人禀赋天理，即天命之性；人性本善，即本然之性；人禀气有清浊，即气质之性。通过静时存养、动时省察的修养方法，则能使气复于理，复见天理。他认为，心与天同，天人合一，通过反身诚、尊德性等认识和修养方法，自省自思，即可以尽心、知性、知天。

许衡历任要职，于如何教人与用人，有自己的明白直接的见解。他说："教人与用人正相反。用人当用其所长，教人当教其所短。"

许衡为学，简单明白，强调道德践履，不务为玄奥深隐。他说："道"在日用常行中，不在高远难行之事，盐米细事也应讲究。许衡认为，人应该以治生为先务。他说："学者治生，最为先务。苟生理不足，则于为学之道有所妨。彼旁求妄进，及作官谋利者，殆亦窘于生理所致。士君子当以务农为生。商贾虽逐末，果处之不失义理，或以姑济一时，亦无不可。"（《宋元学案·鲁斋学案》）

对于责任担当与进退出处，许衡有两段话，我们引在下面。一段是说纲常的："纲常不可亡于天下，苟在上者无以任之，则在下之任也，故乱离之中，毅然以为己任。"（《宋元学案·鲁斋学案》）另一段是他临终对儿子说的："我平生为虚名所累，竟不能辞官，死后慎勿请谥，立碑但书许某之墓，子孙识其处，足矣。"（《宋元学案·鲁斋学案》）

虞集《送李扩序》评价许衡之言颇得其中，语如下："许文正公遗书，于圣贤之道，五经之学，盖所志甚重远焉。其门人之得于文正者，犹未足以尽文正之心也。而后之随声附影者，谓修辞申义为玩物，谓辨疑答问为躐等，谓无猷为为涵养德性，谓深中厚貌为变化气质，外以聋瞽天下之耳目，内以蛊晦学者之心思，上负国家，下负天下，而谓文正之学，果出于此！"（《宋元学案·草庐学案》）

薛瑄赞第四一

敬轩出河津，悃愊乏华丽。学守宋人规，钞书夜不寐。既蒙权幸召，不谢复不跪。系以为死囚，释因老仆泪。复仕入南京，好官薛氏最。力言于谦忠，谠论何其伟。噫！理在气中道器同，知行兼进无所蔽。

薛瑄（1389—1464），字德温，号敬轩。山西河津人。明代思想家。

薛瑄母亲梦紫衣人拜见，薛瑄出生。传薛瑄初生时，五脏清晰可见。祖父从其啼声中感觉他非寻常儿。稍长，读书过目成诵。与魏纯等游处，讲习周敦颐与二程诸书，认为此系问学正途，因弃其旧学。薛瑄为学，恪守宋人规矩，先力行而后文艺，恂恂无华，人以"薛夫子"称之。曾手录《性理大全》，遇有所得，即便札记，至于通宵不寐。

宣德初年任监察御史，时杨溥、杨士奇、杨荣"三杨"当政，闻其名，欲与之结识，请人邀约。薛瑄以"职司弹事，岂敢私谒公卿"为理由，辞谢不见。三杨叹服。宦官王振专权，问三杨："吾乡谁可大用者？"三杨推荐薛。于是召为大理寺少卿。三杨让薛去感谢王振，薛不肯。三杨复因人致意，薛拒之曰："拜爵公朝，谢恩私室，某所不能为也。"后来在朝中遇见王振，百官皆跪拜，薛瑄长揖不拜。王振衔恨，陷之于罪，系狱论死，薛瑄犹读《易》不辍。及核准奏明，将要行刑，王振有一老仆，也是山西人，在灶房哭泣。王振问其故，仆言："闻薛夫子将刑，故泣耳。"于是为王振具言薛瑄为人行事，王振惘然，改死刑为戍边，不久放还。景泰初年，起南京大理寺卿。苏、松灾民借粮不成，烧了有粮人的房子。王文说灾民是谋反，薛瑄据理力争。王文对人说："此老倔强犹昔。"所谓江山易改，本性难移也。中官金英奉使，经过南京，公卿们都到江上饯行，唯独薛瑄未去。金英回到京师，对人们说："南京好官唯薛卿耳。"

英宗复辟，薛瑄入内阁。于谦就刑，薛谓同列曰："此事人所共知，各有子孙。"石亨奋然曰："事已定，不必多言。"皇上召阁臣议，薛瑄说："陛下复登宝位，天也。今三阳发生，不可用重刑。"同列皆无言，诏减一等，终未能救。退而叹曰："杀人以为功，仁者不为也。"

薛瑄论学以朱熹为宗，亦有所修正与发展。朱熹说理在气先，理在气上，薛瑄与之不同。他说："遍满天下皆气之充塞而理寓其中"，"理只在气中，决不可分先后"，"理气无缝隙，故曰气亦道也，道亦气也"，"不可脱去气而言理"（《明儒学案·河东学案》）。

佛教说以一身而擅造化之柄，陆九渊反对向外求知只主静坐，薛瑄皆不认可。他强调感官的认识作用，认为耳、目、口、鼻专一事而心则无不通。他的格物方法，虽以读书为主，但也注意考察天地万物。在知行问题上，他主张知行兼进，强调道德践履作用。他承认物我内外同是一理，同是一性，人只要能知性复性，就不会拘于形体，也不会蔽于物欲之私，于是便与天地同其广大。

黄宗羲《明儒学案·师说》对薛瑄的平生事业、进退出处进行了一分为二的分析："前辈论一代理学之儒，惟先生无间言，非以实践之儒欤？然先生为御史，在宣、正两朝，未尝铮铮一论事；景皇易储，先生时为大理，亦无言。或云，先生方转饷贵州。及于肃愍之狱，系当朝第一案，功罪是非，而先生仅请从末减，坐视忠良之死而不之救，则将焉用彼相矣。就事相提，前日之不谏是，则今日之谏非，两者必居一于此。而先生亦已愧不自得，乞身去矣。然先生于道，于古人全体大用，尽多缺陷，特其始终进退之节，有足称者，则亦成其为文清而已。阅先生《读书录》，多兢兢检点言行间，所谓'学贵践履'，意盖如此。或曰：'七十六年无一事，此心惟觉性天通。'先生晚年闻道，未可量也。"此言，论之确也。

黄宗羲在《明儒学案·河东学案》中，则对薛瑄的一些学术观点进行了平等的讨论："先生以复性为宗，濂、洛为鹄，所著《读书录》，大概为《太极图说》、《西铭》、《正蒙》之义疏，然多重复杂出，未经删削，盖惟体验身心，非欲成书也。其谓'理气无先后，无无气之理，亦无无理之气'，不可易矣。又言'气有聚散，理无聚散'。以日光飞鸟喻之，'理如日光，气如飞鸟，理乘气机而动，如日光载鸟背而飞，鸟飞而日光虽不离其背，实未尝与之俱往，而有间断之处，亦犹气动，而理虽未尝与之暂离，实未尝与之俱尽，而有灭息之时'。羲窃谓，理为气之理，无气则无理，若无飞鸟而有日光，亦可无日光而有飞鸟，不可为喻。盖以大德敦化者言之，气无穷尽，理无穷尽，不特理无聚散，气亦无聚散也。以小德川流者言之，日新不已，不以已往之气为方来之气，亦不以已往之理为方来之理，不特气有聚散，理亦有聚散也。先生谓：'水清则见毫毛，心清则见天理。喻理如物，心如镜，镜明则物无遁形，心明则理无蔽迹。'羲窃谓，仁人心也，心之所以不得为理者，由于昏也。若反其清明之体，即是理矣。心清而见，则犹二之也。此是先生所言本领，安得起而质之乎？"

　　我们把黄宗羲大段的话引在这里，是因为，他对薛瑄为人与
为学的讨论，两皆出于黄氏本人学术之正，可贵难得。

罗钦顺赞第四二

行己不惰，为官有修。正崇文之衣冠，升学古之书楼。位尊八座，品节粹乎金玉；食仅二簋，出处越乎辈流。早耽佛禅，悟其非而力攘斥；终识理气，畅其旨而肆研求。推知统会，格致则通彻无间；以理节欲，性命则顺适夷犹。

罗钦顺（1465—1547），字允升，号整庵。江西泰和人。明代著名思想家。

罗钦顺学问深湛，持守端方，身为高官，进退不苟，正己率物，堪称楷模。据记载，他家居日，"每平旦正衣冠升学古楼，群从入，叙揖毕，危坐观书，虽独处无惰容。食恒二簋，居无台榭，燕集无声乐。林希元曰：'先生自发身词林，以至八座，其行己居官，如精金美玉，无得致疵。'"（《明儒学案·诸儒学案》）

罗钦顺为学，始于佛禅。后悟其非，则力排之。尝自叙其为学经历云："昔官京师，逢一老僧，漫问何由成佛，渠亦漫举禅语为答，'佛在庭前柏树子'，意其必有所谓，为之精思达旦，揽衣将起，则恍然而悟，不觉流汗通体。既而得《证道歌》读之，若合符节。自以为至奇至妙，天下之理莫或加焉。后官南雍，圣贤之书，未尝一日去手，潜玩久之，渐觉就实。始知前所见者，乃此心虚灵之妙，而非性之理也。自此研磨体认，积数十年，用心甚苦，年垂六十，始了然有见乎心性之真，而确乎有以自信。"（《明儒学案·诸儒学案》）

对于佛教，罗钦顺的主要意见是："彼明以知觉为性，始终不知性之为理。"他还说："释氏之'明心见性'，与吾儒之'尽心知性'，相似而实不同。盖虚灵知觉，心之妙也。精微纯一，性之真也。释氏之学，大抵有见于心，无见于性。故其为教，始则欲人尽离诸相，而求其所谓空，空即虚也。既则欲其即相、即空，而契其所谓觉，即知觉也。觉性既得，则空相洞彻，神用无方，神即灵也。凡释氏之言性，穷其本末，要不出此三者。然此三者皆心之妙，而岂性之谓哉!使其据所见之及，复能向上寻之，'帝降之衷'亦庶乎其可识矣。顾自以为'无上妙道'，曾不知其终身尚有寻不到处，乃敢遂驾其说，以误天下后世之人，至于废弃人伦，灭绝天理，其贻祸之酷可胜道哉!夫攻异端，辟邪说，孔氏之家法也。或乃阳离阴合，貌诋心从，以荧惑多士，号为孔氏之徒，谁则信之!"
(《困知记》卷上)

关于罗钦顺对佛教的认识，黄宗羲讨论说："先生以释氏有见于明觉自然，谓之知心，不识所谓天地万物之理，谓之不知性。羲以为，释氏亲亲仁民爱物，无有差等，是无恻隐之心也；取与不辨，而行乞布施，是无羞恶之心也；天上天下，唯我独尊，是无辞让之心也；无善无恶，是无是非之心也。其不知性者，由于不知心尔。然则其所知者，亦心之光影，而非实也。"(《明儒学案·诸儒学案》)

罗钦顺躬行实践。他崇拜朱熹，然而，对朱熹的学说则不完全认同。事实上，他是一个从程朱理学营垒中分化出来的唯物主义哲学家，因为，他改造了朱熹的理学，在理气关系问题上提出了理在气中的观点，建立了气本论的自然哲学，代替了朱熹的理本论。

他认为气是世界万物之本原，否定理是离气而独立存在的主宰："通天地，亘古今，无非一气而已。气本一也，而一动一静，一往一来，一阖一辟，一升一降，循环无已。积微而著，由著复微，为四时之温凉寒暑，为万物之生长收藏，为斯民之日用彝伦，为人事之成败得失，千条万绪，纷纭胶轕，而卒不克乱，莫知其所以然而然，是即所谓理也。初非别有一物，依于气而立，附于气以行也。或者因《易》有太极一言，乃疑阴阳之变易，类有一物主宰乎其间者，是不然矣。"(《明儒学案·诸儒学案》)

罗钦顺认为朱熹所谓理堕在气中，泊在气上以及理气不离不杂的说法是将理、气作二物看："盖朱子尝有言曰：'气质之性，即太极全体堕在气质之中。'又曰：'理只是泊在气上。'仆之所疑，莫甚于此。理果是何形状，而可以'堕'，可以'泊'言之乎？……只缘平日将理气作二物看，所以不觉说出此等话来。"

(《困知记·附录》)他追根溯源，进而说到周敦颐："《太极图说》'无极之真，二五之精，妙合而凝'三语，愚不能无疑。凡物必两而后可以言合，太极与阴阳果二物乎？其为物也果二，则方其未合之先，各安在耶？朱子终身认理气为二物，其源盖出于此。"(《明儒学案·诸儒学案》)

他认为理、气不是二物，但并不认为理等于气。理作为事物变化的规律性与必然性，与气不可分离，但又与事物有区别："理即是气之理，当于气之转折处观之，往而来，来而往，便是转折处也。夫往而不能不来，来而不能不往，有莫知其所以然而然，若有一物主宰乎其间，而使之然者，此理之所以名也。……愚故尝曰：'理须就气上认取，然认气为理便不是。'此言殆不可易哉！"(《明儒学案·诸儒学案》)

他认为有此物即有此理，无此物即无此理，并且对朱熹的"理一分殊"作出了自己的解释。用现代话说，"理一"是一气运动的总规律，"分殊"是万物具有的特殊规律。"理一"在"分殊"之中。气本一也，分阴阳，生万物，一理即散为万理，也即"一本万殊"。太极是众理的总名，以气为体，分阴分阳之气是太极之体，一阴一阳之道是太极之用。这里，充分体现着唯物辩证的思想光芒。

罗钦顺改造、继承了朱熹的格物致知学说，认为格物是格天下之物，不是格此心；穷理是穷天下事物之理，而非穷心中之理。他不主张反观内省，而主张资于外求，主张运用推知、统会之法认识万物之理，从而达到内外合一、通彻无间之境界。

他不同意天命之性与气质之性的区分，认为性只有一个，即气之理。认为人欲出于天性并承认其合理性，提出了理欲统一的观点，主张以理节欲，实现性命的顺适夷犹，以对应朱熹的"存天理，灭人欲"观点。

湛若水赞第四三

先生号甘泉，润物滋兰芷。学者多从游，随处识天
理。凿井或耕田，件件关宏旨。内外与虚实，体用一
原耳。始知阳明心，只在腔子里。徒以静为言，何所
臻大美。噫！任他默坐任长行，不遗万物同进止。

湛若水 (1466—1560)，字元明，号甘泉。广东增城人。明代思想家。

湛若水从学于陈献章，考进士时，试官得其卷，认为一定是陈献章弟子之卷，拆名视之，果然。正德年间，奉母丧归乡，守孝三年，在西樵居住，辟为讲舍，凡士子来学者，先命习礼然后听讲，兴起者甚众。平生踪迹所至，一定建立书院，以祭祀纪念其师陈献章。从游者几乎遍及天下。

湛若水与王阳明同时，相互交游往还，讲学论道，相互唱和，而宗旨有不同。研究者认为，两人一时平分天下之学术。若加以罗钦顺，则势成鼎足。三人一起，成就了明学大盛之局。

湛若水与王阳明既分主教事，阳明的宗旨是致良知，若水的宗旨则是随处体认天理。于是学者遂以王、湛之学，各立门户。中间有持论调和的，认为："天理即良知，体认即致也，何异？何同？"

湛若水学问之要是随处体认天理。"随处体认天理"具有"一内外"、"兼知行"、"贯动静"等特点。这是湛氏在总结前人格物之说基础上形成的一家之言。他说："静坐，程门有此传授。伊川见人静坐，便叹其善学。然此不是常理。日往月来、一寒一暑，都是自然常理流行，岂分动静难易？若不察见天理，随他入关入定，三年九年，与天理何干？若见得天理，则耕田凿井、百官万物、金革百万之众，也只是自然天理流行。孔门之教，居处恭、执事敬、与人忠。黄门毛式之云：'此是随处体认天理。'甚看得好。……明道终日端坐如泥塑人，及其接人，浑是一团和气，何等

自然!"(《明儒学案·甘泉学案》)

　　湛若水针对当时学界情形,指出:"心体万物而不遗,无内外。并提出,必令动静一于敬,以合内外:"古之论学,未有以静为言者。以静为言者,皆禅也。故孔门之教,皆欲事上求仁,动静着力。何者?静不可以致力,才致力,即已非静矣。故《论语》曰:'执事敬。'《易》曰:'敬以直内,义以方外。'《中庸》戒慎恐惧慎独,皆动以致其力之方也。何者?静不可见,苟求之静焉,骎骎乎入于荒忽寂灭之中矣。故善学者,必令动静一于敬,敬立而动静浑矣。此合内外之道也。""明道看喜怒哀乐未发前作何气象;延平默坐澄心,体认天理;象山在人情事变上用工夫。三先生之言,各有所为而发。合而观之,合一用功乃尽也。所谓随处体认天理者,随未发已发,随动随静,盖动静皆吾心之本体,体用一原故也。若谓静未发为本体,而外已发而动以为言,恐亦歧而二之也"(《明儒学案·甘泉学案》)。

　　湛若水由此生发,进而指出自家学问与王阳明的相异处:"阳明谓随处体认天理,是求于外。若然,则告子'义外'之说为是,而孟子'长之者义乎'之说为非,孔子'执事敬'之教为欺我矣!程子所谓'体用一原,显微无间',格物是也,更无内外。盖阳明与吾看心不同,吾之所为心者,体万物而不遗者也,故无内外;阳明之所谓心者,指腔子里而为言者也,故以吾之说为外。"(《明儒学案·甘泉学案》)

　　湛若水认为,王阳明讲格物,训格为正,训物为念头,认为格物是正念头,这样一来,就会徒守其心而不复加学问思辨之功。于是湛氏主张随处体认天理来救治此弊。他的想法真是切中了王阳明的短处。盖程颢说天理二字是他自己体贴出来的；朱熹教人向外面天地万物去穷格；王阳明则说良知是一头脑，反诸心即可获得。若依阳明之意思，在他的良知教法里，学问思辨力行功夫，都不免被忽略。而湛若水说"天理是一头脑"，也就是说，格物要把天理作头脑，随处体认，正可为救。"体认天理云者，兼知行合内外言之也。天理无内外也。……吾之所谓随处云者，随心、随意、随身、随家、随国、随天下，盖随其所寂所感时耳。一耳，寂则廓然大公，感则物来顺应。所寂所感不同，而皆不离于吾心中正之本体。本体即实体也，天理也，至善也，物也，而谓求之外，可乎？致知云者，盖知此实体也，天理也，至善也，物也，乃吾之良知良能也，不假外求也。但人为气习所蔽，故生而蒙，长而不学则愚。故学问思辨笃行诸训，所以破其愚，去其蔽，警发其良知良能者耳，非有加也，故无所用其丝毫人力也。如人之梦寐，人能唤之惺耳，非有外与之惺也。故格物则无事矣，《大学》之事毕矣。若徒守其心而无学问思辨笃行之功，则恐无所警发，虽似正实邪，下则为老、佛、杨、墨，上则为夷、惠、伊尹也。何者？昔曾参芸瓜，误断其根，父建大杖击之，死而复苏。曾子以为无所逃，于父为正矣。孔子乃曰：'小杖受，大杖逃。'乃天理矣。一事出入之间，天人判焉，其可不讲学乎？诘之者则曰：'孔子又何所学？心焉耳矣。'殊不知孔子至圣也，天理之极致也，仁熟义精也，然必七十乃从心所欲不逾矩。人不学，则老死于愚耳矣"（《明儒学案·甘泉学案》）。

　　湛若水与王阳明同于学界建旗鼓，而补偏救弊，自成一家言，要之，实为王学之大功臣。

王守仁赞第四四

读书作圣人，此是一等事。当时思慨然，必可学而至。七日格斯竹，未解其中意。学文复学兵，亦存长生冀。一旦谪龙场，中夜开心智。于焉致良知，知行合一致。噫！武略文韬世所稀，身心相教根柢备。

王守仁（1472—1529），字伯安。浙江余姚人。明代哲学家，心学的集大成者。弟子众多，世称姚江学派。曾筑室阳明洞中，学者称阳明先生。

王阳明的父亲王华，是成化年间辛丑科进士第一人。据云，王阳明孕十四个月才出生，其时，祖母梦见神人送儿自云中至，因名王云。五岁尚不能言，有异僧见到他，说"可惜道破"，始改名为守仁。此种种灵异，或系以事实为端造作而成。

王阳明十二岁就学，问其师何为第一等事？师答以读书登第。王阳明觉得不对，认为第一等事应该是读书做圣人。于此可见其向学志向。十五岁出游塞外，纵游观，逐骑射，经月乃返，大有似于"为恐刘郎才气尽，卷帘梳洗对黄河"。十八岁，到广信拜见著名理学家娄谅，有感触，慨然谓圣人必可学而至。二十一岁发愤作格物功夫，格庭前之竹，格之七日不通，于是认为圣贤有分，转而为辞章养生家言，又学兵法，作长生之想。弘治己未登进士第，授刑部主事，改兵部。三十五岁，宦官刘瑾矫旨逮南京科道官，阳明抗疏救之，下诏狱，廷杖四十，谪贵州龙场驿。刘瑾派人中途跟踪加害，阳明假托投水得脱，得至龙场。龙场地僻且险，多虫蛇，且语言不通，又虑刘瑾加害不成，心有未甘，此际自念得失荣辱俱可忘怀，独生死一念存焉。于是凿一石椁，日夜端居以待。当时跟从他的人都病倒了，阳明亲自劈柴汲水，侍奉他们，并且作歌诗，唱越调，谈笑谐谑，以谋病者之笑乐。心里则一直思考："若令圣人处我境，更有何道？"一天夜半，忽然大悟，不觉呼跃而起，从此开始倡言良知之学。那年他三十七岁。第二年，他在贵阳书院主讲，始论"知行合一"之说。由于在龙场之历练体悟，此后他的一些论学话头，说静坐，收放心，廓清心体，存养功夫，语学者悟入之功，都是他亲身历练而得的真心话，不可仅以大道理视之。如："悔昔在贵阳，举知行合一之教，纷纷异同，罔知所入。兹来乃与诸生静坐佛寺，使自悟性体，顾恍恍若有可即者。"（《王阳明全集》卷三十三）此过常德、辰州，见门人冀元亨、蒋信、刘观时辈俱能卓立，喜而言之；"前在寺中所云静坐事，非欲坐禅入定也。盖因吾辈平日为事物纷拏，未知为己，欲以此补小学收放心一段工夫耳。"（《王阳明全集》卷三十三）此途中寄门人书中语，是勉励、告诫他们于此处用力，方能有进步，异时始有得力处；"圣人之心如明镜，纤翳自无所容，自不消磨刮。若常人之心，如斑垢驳蚀之镜，须痛刮磨一番，尽去驳蚀，然后纤尘即见，才拂便去，亦不消费力。到此已是识得仁体矣。若驳蚀未去，其间固自有一点明处，尘埃之落，固亦见得，才拂便去。至于堆积于驳蚀之上，终弗之能见也。"（《王阳明全集》卷三十三）此论实践之功。系与黄绾、应良论圣学久不明，所以明之之语。先生认为："学者欲为圣人，必须廓清心体，使纤翳不留，真性始见，方有操持涵养之地。"应良觉得这样做很难，先生以此答之。

王阳明的学问博大精深，影响深远。常人往往不能窥其一鳞半爪。而据王畿《滁阳会语》所记，王阳明学问渐进之轨迹则可寻绎：他少有大志，泛滥于辞章，后来遍读朱熹之书，循其教而格物，然而格来格去，觉物理与我心终分而为二，不得其门径以悟入。于是便出入于佛、老之学，沉浸久之。待到谪居龙场，居夷处困，动心忍性，因念圣人处此更有何道，忽悟格物致知之旨，圣人之道，吾性自足，不假外求。大略言之，是其学问三变其途径始得其门也。而其学成之后，又有三变："自此以后，尽去枝叶，一意本原，以默坐澄心为学地，亦复以此立教。……自江右以后，则专提'致良知'三字，默不假坐，心不待澄，不习不虑，盎然出之，自有天则，乃是孔门易简直截根原。……逮居越以后，所操益熟，所得益化，信而从者益众。时时知是知非，时时无是无非，开口即得本心，更无假借凑泊，如赤日丽空而万象毕照，如元气运于四时而万化自行，亦莫知其所以然也。"（《龙溪王先生全集》卷二）

王阳明武略文韬，世所稀有。而其思想，亦与前此之朱熹、陆九渊不同，自具生面，流波远大。王氏与朱熹在很多重要观点上都有区别。朱分《大学》为经传，并补写格物致知传；王则认为原无经传可分，更无经传可补。朱将格物致知置于诚意之先；王则认为格物致知本于诚意，以诚意为主。朱将心与理、知与行分离；王则强调心与理一，知与行合。朱以格物为穷理，注重外界一切事物之理，对经典也要一字一句细心理会；王认为朱的做法是务外遗内，博而寡要，他以格物为正心，要求发挥良知的作用。王阳明与陆九渊思想接近，但与之亦有别。他认为心外无物，心外无理，心的灵明便是天地万物的主宰。

王阳明一生，在事功与文学上都有极大之成就，而且其身与心，可以说是互相砥砺，说得上是以身教身，以心教心，身心相教。他最后四句话，被人称为四句教，即："无善无恶心之体，有善有恶意之动，知善知恶是良知，为善去恶是格物。"正复令人深思。

　　黄宗羲评价王阳明的学术说："先生承绝学于词章训诂之后，一反求诸心，而得其所性之觉，曰'良知'。因示人以求端用力之要，曰'致良知'。良知为知，见知不囿于闻见；致良知为行，见行不滞于方隅。即知即行，即心即物，即动即静，即体即用，即工夫即本体，即下即上，无之不一，以救学者支离眩骛，务华而绝根之病，可谓震霆启寐，烈耀破迷，自孔孟以来，未有若此之深切著明者也。"（《明儒学案·师说》）"有明学术，从前习熟先儒之成说，未尝反身理会，推见至隐，所谓'此亦一述朱，彼亦一述朱'耳。……自姚江（指王阳明）指点出'良知人人现在，一反观而自得'，便人人有个作圣之路。故无姚江，则古来之学脉绝矣"（《明儒学案·姚江学案》）。

王艮赞第四五

少贫不竟学，从父山东贾。衣袖每藏经，逢人质然否。默究年复年，经悟相客主。上座谒阳明，两番倾肺腑。归来乘蒲轮，京都扬法乳。良知自分明，何用安排处。噫！我身是矩国是方，尊身尊道力如虎。

王艮（1483—1541），字汝止，号心斋。泰州安丰场人。明代思想家，泰州学派的创始人。

王艮七岁受书乡塾，后家贫辍学，跟着父亲到山东做生意。王艮虽不能竟学，但不肯忘学，常常把《孝经》、《论语》、《大学》笼在衣袖中，碰到人就质疑问难。时间一长，于经书随口便能说解，如同得到天助一般。他的父亲从事辛勤，早上起来用冷水盥沐，王艮见父亲辛苦若此，痛哭说："为人子而令亲如此，尚得为人乎？"此后若父亲有事，则以身相代。经过生活的历练与默默参悟探究，王艮渐渐能以经书来印证自己之悟，也能以自己所悟来解释经书。如此，经与悟相与客主，久而久之，人们已经无法探知王艮学问的边际涯岸了。

旧时，凡是有学问且自恃才高者，往往想办法神化自己。据说，王艮有一天梦见天塌下来压在身上，万众奔走呼号以求救，王艮举臂将天擎起，发现日月星辰位置错乱，又用手整理复其位次。醒来时，汗出如雨，而心体一片洞彻澄明。于是自记其事曰："正德六年间，居仁三月半。"自此行住语默，皆在觉中。于是便按照《礼经》规制，制五常冠、深衣、大带、笏板，穿戴于身。自己说："言尧之言，行尧之行，而不服尧之服，可乎？"

当时王阳明在江西任巡抚，讲良知之学，大江之南，学者信从。而王艮僻处穷远，未闻其学。有一个叫黄文刚的吉安人，寓住泰州，听了王艮的讲论，觉得与王阳明所讲特别相似，感到很诧异。王艮闻知甚喜："王公论良知，艮谈格物，如其同也，是天以王公与天下后世也；如其异也，是天以艮与王公也。"于是当即起程，以古服进见。至中门，举笏而立，阳明出迎于门外。刚进来时，王艮坐在上座，与阳明相与辩难，渐渐被阳明折服，乃移坐于侧。谈论完毕，王艮叹服，说："简易直截，艮不及也。"乃下拜自称弟子。回来后，反思当时所论，偶有不合处，便生悔意，认为自己拜师过于轻易了。第二天入见阳明，直接告诉阳明说自己后悔了。阳明说，你不轻易信从别人，这太好了。王艮便又坐在上首，两人又相与辩难了好长时间，王艮这才彻底服气，拜师如初。王阳明才兼文武，为人雄强有志量，这次辩难之后，他对门人说："向者吾擒宸濠，一无所动，今却为斯人动矣。"

王阳明回乡，王艮跟从，来向阳明问学者，多经王艮指点传授。一日，王艮叹息道："千载绝学，天启吾师，怎么能让天下人有听不到吾师学问的呢？"于是归家，自己创制蒲轮，招摇道路，直奔京师。此事后来传闻甚有玄怪，据说有一老叟，梦见黄龙无首，行雨到崇文门，变为人立。于是早上起来去所梦处迎候，而此时王艮恰好到来。那段时间，人们对王阳明之学的诽谤、批评正多，加上王艮的衣着打扮、言语举动异于常人，所以京师的人都认为他是"怪魁"，也就是作怪第一人。同门之人劝王艮回去，王阳明也写信责备他，王艮不得已回到会稽。经此一事，王阳明对他痛加剪裁抑制，因为他的意气太高，行事太奇。他到师门，阳明三天不予接见。阳明送客出门，王艮跪在道旁，知过认错，阳明看也不看，转身便回。王艮跟到庭下，厉声道："仲尼不为已甚！"阳明方揖之起。阳明去世后，王艮开门授徒，远近学者风从。同门会讲，必请王艮主席。阳明之后，其弟子以辩才论，当推王畿，然而，对于王畿所说，有人信有人不信。只有王艮，唤醒接引的人最多。且令人在当下眼前，所谓眉睫之间，便得省觉。

王艮多从百姓日常生活来说解阐发良知之学。他认为："圣人之道，无异于百姓日用。凡有异者，皆是异端。""百姓日用条理处，即是圣人之条理处"。"僮仆之往来，视听持行，泛应动作处，不假安排，俱是顺帝之则，至无而有，至近而神"，即是天理。这样一来，小而至于百姓日用之事，大而至于参赞天地之化育，良知原自分明停当，不用安排思索。唯一区别，便是"圣人知，便不失；百姓不知，便为失"（《明儒学案·泰州学案》）。

王艮也谈格物，不过，他的格物，有其独特含义。在其语录中有记载曰：问"格"字之义。曰："格如格式之格，即絜矩之谓。吾身是个矩，天下国家是个方，絜矩则知方之不正由矩之不正也，是以只去正矩，却不在方上求。矩正则方正矣，方正则成格矣，故曰物格。吾身对上下前后左右是物，絜矩是格也。其本乱而末治者否矣，便见絜度格字之义。格物，知本也；立本，安身也，安身以安家而家齐，安身以安国而国治，安身以安天下而天下平也。故曰修己以安人，修己以安百姓，修其身而天下平。"（《明儒学案·泰州学案》）

王艮主张将尊身与尊道结合起来。他说："身与道原是一件，至尊者此道，至尊者此身。尊身不尊道，不为之尊身；尊道不尊身，不为之尊道。须道尊身尊，才是至善。"（《明儒学案·泰州学案》）由此，他还提出了明哲保身之论，对后世影响很大。

王艮行事与众不同，出语也往往惊人。他说："出必为帝者师，处必为天下万世师。"（《明儒学案·泰州学案》）可谓有力如虎。

王畿赞第四六

王门教授师，亲炙阳明久。良知本现成，先天学养厚。立根心体中，意知物相守。得悟有三途，言坐并磨揉。动意后天功，未悟须具有。正谓致力求，悬崖且撒手。噫！包里深心别样传，担当力弱狂禅走。

王畿（1498—1583），字汝中，号龙溪。浙江山阴人。明代思想家，阳明学派的主要成员。学者称龙溪先生。

王畿弱冠举于乡，嘉靖癸未会试下第，归而从学于王阳明，与钱德洪同为王门大弟子。丙戌试期，本不想前去应试。王阳明说：我也不把考中与否当成你的荣耀，我的考虑是，目前人们对我的学说，还是疑信参半，你到了京师，可以找机会加以阐扬发明。王畿遵命前往，会试得中。因为当时当权者不喜学问，他与钱德洪都没有参加廷试。王阳明平宸濠归来，四方从游者众，阳明不能一一教授，乃命王畿和钱德洪先疏通其大旨，而后卒业于阳明。人以"教授师"名之。王畿和易宛转，门人日亲。王畿亲炙阳明最久，阳明去世后，乃讲学不辍，前后四十年，自两都及吴、楚、闽、粤、赣、浙皆有讲舍，年八十，犹周流不倦。于宣扬王学，为功至巨。

王畿认为："良知原是无中生有，即是未发之中。此知之前，更无未发，即是中节之和。此知之后，更无已发，自能收敛，不须更主于收敛，自能发散，不须更期于发散，当下现成，不假工夫修整而后得。致良知原为未悟者设，信得良知过时，独往独来，如珠之走盘，不待拘管而自不过其则也。"（《明儒学案·浙中王门学案》）

黄宗羲在《明儒学案·浙中王门学案》中云："《天泉证道记》谓师门教法，每提四句：'无善无恶心之体，有善有恶意之动，知善知恶是良知，为善去恶是格物。'绪山以为定本，不可移易。先生谓之权法，体用显微只是一机，心意知物只是一事，若悟得心是无善无恶之心，则意知物俱是无善无恶。相与质之阳明，阳明曰：'吾教法原有此两种，四无之说为上根人立教，四有之说为中根以下人立教。上根者，即本体便是工夫，顿悟之学也。中根以下者，须用为善去恶工夫以渐复其本体也。'自此印正，而先生之论大抵归于四无。""四无"指"心是无善无恶之心，意是无善无恶之意，知是无善无恶之知，物是无善无恶之物"。王畿主张在心体上立根，自称这是先天之学，而诚意功夫在动意后用功，则是后天之学。

王畿认为，致知得悟的功夫有三，且有阶次高下之别："君子之学，贵于得悟。悟门不开，无以征学。入悟有三：有从言而入者，有从静坐而入者，有从人情事变炼习而入者。得于言诠者，谓之解悟，触发印证，未离言诠。譬之门外之宝，非己家珍。得于静坐者，谓之证悟，收摄保聚，犹有待于境。譬之浊水初澄，浊根尚在，才遇风波，易于淆动。得于炼习者，谓之彻悟，磨礲锻炼，左右逢源。譬之湛体冷然，本来晶莹，愈震荡愈凝寂，不可得而澄淆也。根有大小，故蔽有浅深，而学有难易，及其成功一也。"（《王畿集·悟说》）可见其阶次，读书最下，静坐较胜，而以事上磨炼为最上。

王畿以正心为先天之学，诚意为后天之学。从心上立根，无善无恶之心即是无善无恶之意，是先天统后天。从意上立根，不免有善恶两端之抉择，而心亦不能无杂，是后天复先天。赞文中之"动意后天功，未悟须具有"即此为言。

阳明以儒学理学为心学，而种种迹象表明，王畿之学，相比之下，已经更近于禅学了。

王畿与钱德洪同称王门教授师，两人之间，在学术上有一些差异。黄宗羲有一段话，说他们二人之别甚详，其中"先生"指钱德洪，"龙溪"则王畿也："亲炙阳明最久，习闻其过重之言。龙溪谓：'寂者心之本体，寂以照为用，守其空知而遗照，是乖其用也。'先生谓：'未发竟从何处觅？离已发而求未发，必不可得。'是两先生之'良知'，俱以见在知觉而言，于圣贤凝聚处，尽与扫除，在师门之旨，不能无毫厘之差。龙溪从见在悟其变动不居之体，先生只于事物上实心磨炼，故先生之彻悟不如龙溪，龙溪之修持不如先生。乃龙溪竟入于禅，而先生不失儒者之矩矱，何也？龙溪悬崖撒手，非师门宗旨所可系缚，先生则把缆放船，虽无大得亦无大失耳。"（《明儒学案·浙中王门学案》）

王畿志向宏远，他说："窃念吾之一身，不论出处潜见，当以天下为己任。伊尹先得吾心之同然，非意之也。古之欲明明德于天下，最初立志便分路径，入此路径便是大学之人，外此便是小成曲学。先师万物一体之论，此其胚胎也。吾人欲为天地立心，必其能以天地之心为心。欲为生民立命，必其能以生民之命为命。今吾所谓心与命者，果安在乎？识得此体，方是上下与天地同流，宇宙内事皆己分内事，方是一体之实学，所谓大丈夫事，小根器者不足以当之。"（《王畿集·书同心册卷》）然而，他又说："吾人为学之所大患者，在于包里心深，担当力弱。""包里心深，担当力弱"八字，正可作为后期心学之考评。一方面，江西王门，着眼包里心深，偏重静坐，求见本体，然而依旧担当力弱；另一方面，王畿一派猖狂妄行，更谈不上担当。钱穆先生说："守仁良知学，亦可谓富于一种社会教育的精神，而德洪与畿两人，则毕生是一社会讲学家，毕生从事在社会教育上。他们与以前理学讲学态度，显有不同。但这样流动性的集会讲学，一面是讲各自的良知，反身而即得。一面是讲天地万物为一体，当下即圣人。听讲的人多而又杂，讲得又简易，又广大，自然难免有流弊。于是遂有所谓伪良知，识者讥之为狂禅。"（《宋明理学概述》）

　　黄宗羲《明儒学案》指出了王畿近乎禅、老之弊："夫良知既为知觉之流行，不落方所，不可典要，一著工夫，则未免有碍虚无之体，是不得不近于禅。流行即是主宰，悬崖撒手，茫无把柄，以心息相依为权法，是不得不近于老。虽云真性流行，自见天则，而于儒者之矩矱，未免有出入矣。"但他同时也充分肯定了王畿对阳明之学的贡献："然先生亲承阳明末命，其微言往往而在。象山之后不能无慈湖，文成之后不能无龙溪，以为学术之盛衰因之。慈湖决象山之澜，而先生疏河导源，于文成之学，固多所发明也。"（《明儒学案·浙中王门学案》）

李贽赞第四七

万物二气成，吃穿大伦理。生小不信仙，僧道见则鄙。而后知阳明，真人真未死。禅风吹吾怀，山河相而已。众皆可圣贤，岂必待孔子。六经只口实，童心纯复美。噫！力田读书各有私，倒行逆施成洪水。

李贽（1527—1602），初姓林，名载贽，后改姓李，名贽。改姓，因泉州林、李二姓同祖；易名，自言系"避胜朝讳，去'载'字"。字宏甫，号卓吾，别号温陵居士、百泉居士等。福建泉州人。明代著名思想家、文学家，泰州学派的一代宗师。

李贽自幼好学："余自幼治《易》，复改治《礼》，以少《礼经》少决科之利也。至年十四，又改治《尚书》，竟以《尚书》窃禄。然好《易》，岁取《易》读之。"（《易因小序》）嘉靖三十一年（1552），李贽二十六岁，中福建乡试举人，中举后，因"困乏，不再上公车"。三十岁，任河南共城教谕。三十四岁，升任南京国子监博士。万历中为姚安知府。旋弃官，寄寓黄安、湖北麻城芝佛院。晚年往来南北两京等地，被诬，下狱，自刎死。重要著作有《藏书》、《续藏书》、《焚书》、《续焚书》、《初潭集》、《四书评》等。

李贽早年所持之自然观具有唯物主义倾向，认为天地万物皆阴阳二气所生。他还认为，伦理在于百姓日用之中，"穿衣吃饭，即是人伦物理；除却穿衣吃饭，无伦物矣。世间种种皆衣与饭类耳，故举衣与饭而世间种种自然在其中，非衣食之外更有所谓种种绝与百姓不相同者也。学者只宜于伦物上识真空，不当于伦物上辨伦物"（《焚书》卷一）。

在《阳明先生年谱后语》里，李贽说："余自幼倔强难化，不信学，不信道，不信仙、释。故见道人则恶，见僧则恶，见道学先生则尤恶。"

后来，他接触王阳明的心学，思想发生了变化："不幸年逋四十，为友人李逢阳、徐用检所诱，告我龙溪先生语，示我阳明王先生书，乃知得道真人不死，实与真佛真仙同，虽倔强，不得不信之矣。"（《阳明先生年谱后语》）

再到后来，他又接受了禅宗的观点，认为世界万物"皆是吾妙明真心中一点物相"，万法尽在自身，山河大地与清静本原合而为一，相即不离。他说："吾之色身，泊外而山河，遍而大地，并所见之太虚空等，皆是吾妙明真心中一点物相耳。""诸相总是吾真心中一点物，即浮沤总是大海中一点泡也"。"真心既已包却色身、泊一切山河、虚空、大地诸有为相矣"（《焚书》卷四）。从此即进入主观唯心主义。

在认识论上，李贽持生知说。在《答周西岩书》中，他说："天下无一人不生知，无一物不生知，亦无一刻不生知者，但自不知耳，然又未尝不可使之知也。惟是土木瓦石不可使知者，以其无情，难告语也；贤智愚不肖不可使知者，以其有情，难告语也。除是二种，则虽牛马驴驼等，当其深愁痛苦之时，无不可告以生知，语以佛乘也。"（《焚书》卷一）

在此基础上，他进而认为，人人可以作圣，人人可以成佛，并且人应该各以己心的是非为是非。这实质是反对以孔子的是非为是非，反对以儒家经典为"万世之至论"。对此，他说得淋漓痛快："夫天生一人，自有一人之用，不待取给于孔子而后足也。若必待取足于孔子，则千古以前无孔子，终不得为人乎？"（《焚书》卷一）"夫六经、《语》、《孟》，非其史官过为褒崇之词，则其臣子极为赞美之语，又不然，则其迂阔门徒、懵懂弟子，记忆师说，有头无尾，得后遗前，随其所见，笔之于书。后学不察，便谓出自圣人之口也，决定目之为'经'矣，孰知其大半非圣人之言乎？纵出自圣人，要亦有为而发，不过因病发药，随时处方，以救此一等懵懂弟子、迂阔门徒云耳。药医假病，方难定执，是岂可遽以为万世之至论乎？然则六经、《语》、《孟》，乃道学之口实，假人之渊薮也"（《焚书》卷三）。

李贽倡"童心说"，认为："童子者，人之初也；童心者，心之初也。"（《焚书》卷三）人人都有"绝假纯真，最初一念之本心"，然而由于有闻见从耳目入而以为主于内、有道理从闻见入而以为主于内、知美名之可好而务欲以扬之、知不美之名之可丑而务欲以掩之，于是失去童心。而上所言令人失去童心之道理闻见，皆自多读书识义理而来。是学者反以多读书识义理障其童心矣。童心既失，则一切皆假。如前面所言，六经、《语》、《孟》，也就成了"道学之口实，假人之渊薮"。

李贽生活的时代，已经有了资本主义的萌芽。在他思想中的男女有性别之分，并无是非之辨；天下尽市道之交；人必有私，虽圣人不能无势利之心，种田者私有秋之获，读书者私进取之获，等等观点，都是对这一新的生产关系的反映。所谓"春江水暖鸭先知"也。

在一定程度上，李贽看到了善恶间的对立统一："善与恶对，犹阴与阳对，刚与柔对，男与女对，盖有两则有对。"（《焚书》卷一）同时他也注重对立面的转化。"一可以成多"、"少则能得"、"敝则能新"、"洼则能盈"等老子的观点，被他正言若反地叫做

"倒行逆施之理"，并从而得出世无定时，我无定术，千古常新的认识来。

　　蔡尚思先生讲，李贽在中国思想史上有两个最突出的特点：一是识特别高。独有李贽，敢于以"异端"自居，公开出来反孔非儒，其见识不可谓不是最高的了；二是胆特别大。在长达两千年的封建君主专制、独尊孔学的时代，只有李贽一个人以七十五岁的高龄，为反孔，为维护真理而被捕牺牲，这更是独一无二，空前绝后的。这真可以叫做"倒行逆施成洪水"。

黄宗羲赞第四八

今也君为主，上古君是客。为主挟大私，但尽一姓责。屠毒离散人，残忍惊魂魄。应复天下法，公行解困厄。更以气为先，理为气之魄。能穷万殊心，其理自然获。噫！天崩地解案录成，十死艰难奋羽翮。

黄宗羲（1610—1695），字太冲，一字德冰，号南雷，别号梨洲老人、梨洲山人、蓝水渔人、鱼澄洞主、双瀑院长、古藏室史臣等。浙江余姚人。明清之际思想家、教育家。与顾炎武、王夫之并称"明末清初三大思想家"，与李颙、孙奇逢并称"海内三大鸿儒"，与弟黄宗炎、黄宗会并称"浙东三黄"，与顾炎武、方以智、王夫之、朱舜水并称"明末清初五大家"，有"中国思想启蒙之父"之誉。学者称梨洲先生。

宗羲父黄尊素，系东林名士，为魏忠贤所害。宗羲十九岁时，曾袖长锥，草疏入京为父讼冤。至京师，魏忠贤已伏诛，乃与许显纯、崔应元对簿，出长锥击显纯，以是显名。马士英当权，欲渐援阮大铖。陈贞慧诸人作《南都防乱揭》斥阮，东林子弟推顾杲为首，天启蒙难诸家则推宗羲为首，以次列名。及阮氏得势，遂欲按揭中名氏尽杀诸人。会清兵陷北京，福王立于南京，宗羲得免，仓促归浙东。鲁王监国，宗羲聚集数百子弟随军江上，号世忠营。败，入四明山结寨自固。后闻鲁王在海上，赴之。明统亡，返里，倾心著述。不受征召，辞以老病。一生真十死艰难也。

黄宗羲精通经学、史学、地理、天文历算、教育诸学术，著有《明儒学案》、《宋元学案》、《明夷待访录》、《四明山志》等五十余种著作，对中国思想史贡献巨大，影响深远。其对封建君主专制的批判，表现出近代民主思想的萌芽。在《明夷待访录·原君》中，他直言"为天下之大害者，君而已矣"。"古者以天下为主，君为客，凡君之所毕世而经营者，为天下也。今也以君为主，天下为客，凡天下之无地而得安宁者，为君也"。今之为君者，

"以为天下利害之权皆出于我，我以天下之利尽归于己，以天下之害尽归于人，亦无不可。使天下之人不敢自私，不敢自利，以我之大私为天下之公；始而惭焉，久而安焉，视天下为莫大之产业，传之子孙，受享无穷"，甚者至于"屠毒天下之肝脑，离散天下之子女，以博我一人之产业，曾不惨然"，"敲剥天下之骨髓，离散天下之子女，以奉我一人之淫乐，视为当然"。针对此种情形，黄宗羲在《原臣》中指出："天下之治乱，不在一姓之兴亡，而在万民之爱乐"，反对君以臣为奴仆，也反对愚忠。在《原法》中，他区别"天下之法"与"一家之法"，呼吁恢复前者，废除后者。这在当时有若雷霆之震耀。

在哲学上，黄宗羲持气一元论的观点，认为气第一性，理第二性。他说："夫太虚，纲缊相感，只有一气。无所谓天气也，无所谓地气也。大化之流行，只有一气冲注其间"（《易学象数论》），"通天地，亘古今，无非一气而已"，"气本一也"（《太极图讲义》），"无气则无理"，"理为气之理"，"世儒分理气为二，而求理于气之先，遂坠入佛氏障中"（《明儒学案·江右王门学案》）。对于心物关系，黄氏所持的则是唯心主义观点，认为"人受天之气而生，只有一心而已"，"在天为气者，在人为心。在天为理者，在人为性"（《明儒学案·诸儒学案》），从而得出"心即气"的错误结论。于是，在他的理论中，心也就成了世界的本原："盈天地皆心也……故穷理者，穷此心之万殊，非穷万物之万殊也。"（《清儒学案·南雷学案》）

黄宗羲生活在明清易代、天崩地解之际，一生艰难苦恨，颠

223

沛流离。自云："自北兵南下，悬书购余者二，应捕者一，守围城者一，以谋反告讦者二三，绝气沙坤者一昼夜，其它连染逻哨之所及，无岁无之，可谓濒于十死者矣。"（《清稗类钞·隐逸类》）自题曰："初锢之为党人，继指之为游侠，终厕之于儒林。"（《蕉廊脞录》卷七）然其志节操守，未尝稍屈。且奋厉其识解才力，发舒其心胸气象，成就《明儒学案》、《宋元学案》、《明夷待访录》诸书，大有功于当下与来今。宜乎马叙伦先生称其为秦以后二千年间"人格完全，可称无憾"之少数先觉。于此，黄宗羲亦颇为自信。他在临终前四天给孙婿万承勋的信中说："年纪到此，可死；自反平生虽无善状，亦无恶状，可死；于先人未了，亦稍稍无歉，可死；一生著述未必尽传，自料亦不下古之名家，可死。如此四可死，死真无苦矣。"黄宗羲在《五月复遇火》诗中也说到过"十死"，诗如下："局促返旧居，鸡犬共一轩。缩头床下雨，眯眼灶中燔。南风怪事发，正当子夜前。排墙得生命，再拜告九圆。臣年已五十，否极不终还。发言多冒人，举足辄违天。半生滨十死，两火际一年。莫言茅屋陋，宾客非等闲。鬼目不相眴，而逊华堂坚。其理不可解，辨说空田田。咋者刘伯绳，为我不安眠。仆本方外人，岂终保丘园。"

梁启超说："吾于清初大师，最尊顾、黄、王、颜，皆明学反动所产也。……大抵清代经学之祖推炎武，其史学之祖当推宗羲。所著《明儒学案》，中国之有学术史自此始也。又好治天算，著书八种，全祖望谓'梅文鼎本《周髀》言天文，世惊为不传之秘，而不知宗羲实开之'。其《律吕新义》，开乐律研究之绪。其《易学象数论》，与胡渭《易图明辨》互相发明。其《授书随笔》，则答阎若璩问也。故阎、胡之学，皆受宗羲影响。其他学亦称是。……其最有影响于近代思想者，则《明夷待访录》也。……此等论调，由今日观之，固甚普通甚肤浅，然在二百六七十年前，则真极大胆之创论也。故顾炎武见之而叹，谓'三代之治可复'。而后此梁启超、谭嗣同辈倡民权共和之说，则将其书节钞印数万本，秘密散布，于晚清思想之骤变，极有力焉。"（《清代学术概论》）

顾炎武赞第四九

滔滔世混，湛湛天蓝。辞牧斋而列谒，拒乾学而不还。遍历塞外，宁无伏波之志；移居华阴，自有建翎之占。进退出处，彰吾人行己有耻；辞受取与，勉师弟持守方严。国家兴亡，以匹夫而当重任；文化传衍，因博学而开新坛。

顾炎武（1613—1682），原名绛，别名继坤，字忠清。南都败，改名炎武，字宁人，号亭林，自署蒋山佣。江南昆山人。明末清初杰出的思想家、经学家、音韵学家、史地学家。学者称亭林先生。

顾氏秉性耿介，形貌英秀，与归庄同为复社中人，有"归奇顾怪"之目。清师下江南，顾氏起兵吴江，事败。继母王氏不食而死，以勿仕二姓诫之。顾氏终身奉此。后迭遭怨家构陷，至被叛仆所系。归庄求救于钱谦益，谦益欲顾氏待以师礼。归庄因事急，代炎武书名刺以付。炎武知之，索还名刺不得，乃列谒于通衢。

此后北游鲁、燕、晋、陕、豫及塞外，壮心不泯，所至恒考其山川风俗、古今治乱之迹，于金石碑碣、地理经济诸事，无所不关心焉。其间四谒孝陵，六谒思陵，其心可鉴于天日。甥徐乾学旧曾蒙顾眷注，今贵显，多次书请南归。顾氏拒之以"昔岁孤生，飘摇风雨。今兹亲串，崛起云霄。思归尼父之辕，恐近伯鸾之灶。且天犹梦梦，世尚滔滔，犹吾大夫，未见君子。徘徊渭川，以毕余年，足矣"（《清儒学案·亭林学案》）。

顾氏往还北边塞上，每思马援等前辈志士仁人于苦寒处立业事，曾言："使吾泽中有牛羊千，则江南不足怀也。"乃垦田于山东长白山下，畜牧于山西雁门之北，累致千金。终竟定居华阴，盖以秦人慕经学，重处士，持清议，胜于别地。而华阴居关河之要，闻见广博。有警入山，不过十里，出门肆志，势若建瓴。其地、其人可居可与，且进退有所因依。

顾炎武一代通儒，述作等身。其著者有《日知录》、《天下郡国利病书》、《音学五书》等。论学以"博学于文，行己有耻"为宗旨。《与友人论学书》中说此甚详："窃叹夫百余年以来之为学者，往往言心言性，而茫乎不得其解也。命与仁，夫子之所罕言也；性与天道，子贡之所未得闻也。性命之理，著之《易传》，未尝数以语人。其答问士也，则曰'行己有耻'。其为学，则曰'好古敏求'。其与门弟子言，举尧、舜相传所谓'危微精一'之说，一切不道，而但曰：'允执其中，四海困穷，天禄永终。'呜呼！圣人之所以为学者，何其平易而可循也！……今之君子则不然，聚宾客门人之学者数十百人，譬诸草木，区以别矣，而一皆与之言心言性。舍多学而识，以求一贯之方，置四海之困穷不言，而终日讲危微精一之说，是必其道之高于夫子，而其门弟子之贤于子贡，桃东鲁而直接二帝之心传者也！我弗敢知也。《孟子》一书，言心言性，亦谆谆矣。乃至万章、公孙丑、陈代、陈臻、周霄、彭更之所问，与孟子之所答者，常在乎出处、去就、辞受、取与之间。""是故性也，命也，天也，夫子之所罕言，而今之君子之所恒言也。出处、去就、辞受、取与之辨，孔子、孟子之所恒言，而今之君子所罕言也。……我弗敢知也。愚所谓圣人之道者，如之何？曰'博学于文'，曰'行己有耻'，自一身以至于天下国家，皆学之事也；自子臣弟友以至出入、往来、辞受、取与之间，皆有耻之事也。耻之于人，大矣！不耻恶衣恶食，而耻其匹夫匹妇之不被其泽，故曰：'万物皆备于我矣，反身而诚。'呜呼！士而不先言耻，则为无本之人；非好古而多闻，则为空虚之学。以无本之人，而讲空虚之学，吾见其日从事于圣人而去之弥远也"（《清儒学案·亭林学案》）。

顾氏卓然特立，行己有耻，允称楷模，前举列谒通衢与拒绝徐乾学事可证，其他亦多有类此者。清廷开明史馆，熊赐履召，答以"愿以一死谢公，最下则逃之世外"；征博学鸿词，叶方蔼、韩菼欲荐之，答以"刀绳具在，勿速我死"；次年，叶方蔼复欲以修明史荐，答以"先妣未嫁过门，养姑抱嗣，为吴中第一奇节，蒙朝廷旌表。国亡绝粒，以女子而蹈首阳之烈。临终遗命，有无仕异代之言，载于志状。故人人可出，而炎武必不可出矣。……七十老翁何所求？正欠一死！若必相逼，则以身殉之矣"。

顾氏教人，亦未尝宽假。在京日，徐乾学兄弟邀其夜饮，乃斥之曰："古人饮酒，卜昼不卜夜。世间惟淫奔、纳贿二者，皆夜行之，岂有正人君子而夜行者乎！"（《清稗类钞·正直类》）与弟子潘次耕书，戒其勿以"食贫居约，而获游于贵要之门"为幸，直言"今次耕之往，将与豪奴狎客，朝朝夕夕，不但不能读书为学，且必至于比匪之伤矣"，并谆谆告诫曰："自今以往，当思中材而涉末流之戒，处钝守拙。……务令声名渐减，物缘渐疏，庶几免于今之世矣。若夫不登权门，不涉利路，是又不待老父之灌灌也。"耳提面命，严整风格如见。宜其与次耕道义相亲，难能可贵。

顾氏为论，重节义轻文章，倡耿介贬乡愿，尚廉耻而立名教，主张严别流品，引奖厚重，至于保天下者，匹夫之贱，与有责焉："有亡国，有亡天下……保国者，其君其臣肉食者谋之；保天下者，匹夫之贱与有责焉耳矣！"（《日知录·正始》）

顾氏博学多闻而专求实际，不落空谈，于理学之外，自成一种朴学，所谓"文化传衍，因博学而开新坛"也。

梁启超评价顾炎武说："清学之出发点，在对于宋明理学一大反动。……当此反动期而从事于'黎明运动'者，则昆山顾炎武其第一人也。炎武对于晚明学风，首施猛烈之攻击，而归罪于王守仁。……炎武未尝直攻程朱，根本不承认理学之能独立。……'经学即理学'一语，则炎武所创学派之新旗帜也。其正当与否，且勿深论。……有清一代学术，确在此旗帜之下而获一新生命。……此实四五百年来思想界之一大解放也。凡启蒙时代之大学者，其造诣不必极精深，但常规定研究之范围，创革研究之方法，而以新锐之精神贯注之。顾炎武在'清学派'，即其人也。……然则炎武所以能当一代开派宗师之名者何在？则在其能建设研究之方法而已。约举有三。一曰贵创。……二曰博证。……三曰致用。……清代儒者以朴学自命以示别于文人，实炎武启之。最近数十年以经术而影响于政体，亦远绍炎武之精神也。"

（《清代学术概论》）

王夫之赞第五〇

明清鼎革，天地摧崩。伏白刃以救父，据衡山以起兵。奔走川原，要呈博浪之击；遁形林谷，肯掩越石之情。大化甘霖，雨船山而生异彩，九州正气，赖一线而得深弘。学究天人，论道则惟器惟用；道综今古，言性则日生日成。

王夫之（1619—1692），字而农，号薑斋。湖南衡阳人。明末清初启蒙学者、唯物主义思想家。

生当明清鼎革，天崩地解之际，王夫之举止行谊每有大过人处，于中可见其识见禀赋。王夫之父名朝聘，是湘南学者，以真知实践著称于世。张献忠占领衡州，王夫之藏匿于南岳不出。张抓来王夫之的父亲作人质，想诱使王夫之出来就范。在这种情况下，王夫之引刀自刺肢体，遍体鳞伤，使人抬着去见张献忠，换他的父亲。张献忠见其重创如此，且知其终不可屈，就把他放了，让他跟父亲一起回去。

清师下湖南，王夫之在衡山起兵抵抗，战败军溃。时明王驻桂林，夫之因瞿式耜之荐，往依之，得授行人之职。当时国势，危如累卵。然而诸臣却仍然互相争斗，水火不容。这段时间，王夫之尽自己所能，做了一些有益于朝廷的事情，如说服严起恒使救金堡，等等。另外，他还三次弹劾王化澄。王化澄衔恨，要杀他。刚好王夫之得到母亲生病的消息，于是乘便离开了。

明亡，王夫之益自韬晦。他辗转于湘西郴、永、涟、邵间，棲伏于长林巨谷之中，随地寄身托迹，与苗瑶杂处。尽管形势危迫，朝不保夕，而终其身不忘故国，常存其拜鹃心事。此即吾赞文所谓"奔走川原，要呈博浪之击；遁形林谷，肯掩越石之情"。

王夫之晚年回到衡阳的石船山，筑造土室，名曰"观生居"，晨夕杜门，精研学问。学者因此称其为船山先生。卒年七十四，自题其墓曰：明遗臣王某之墓。

王夫之究心学术，著书数百卷，著录于《四库》者，有《周易稗疏》、《周易考异》、《尚书稗疏》、《诗稗疏》、《春秋稗疏》等。其书皆不落习气,不守一先生之言,成就卓卓。

王夫之所著《黄书》、《噩梦》,言黄帝为吾族之祖,指陈民生利弊甚切。

王夫之论史名著《读通鉴论》、《宋论》,辨夷夏之防,明民权之理,均有与众不同之见解,为当时及后世学者所称道。

王夫之最擅者,则能为深沉之思以阐发名理。《清史稿·儒林传》说:"夫之论学,以汉儒为门户,以宋五子为堂奥。其所作《大学衍》、《中庸衍》,皆力辟致良知之说,以羽翼朱子。于张子《正蒙》一书,尤有神契,谓张子之学,上承孔、孟,而以布衣贞隐,无钜公资其羽翼;其道之行,曾不逮邵康节,是以不百年而异说兴。夫之乃究观天人之故,推本阴阳法象之原,就《正蒙》精绎而畅衍之,与自著《思问录》二篇,皆本隐之显,原始要终,炳然如揭日月。至其扶树道教,辨上蔡、象山、姚江之误,或疑其言稍过,然议论精严,粹然皆轨于正也。"

梁启超说:"顾、黄、王、颜,同一王学之反动也,而其反动所趋之方向各不同。黄氏始终不非王学,但是正其末流之空疏而已。顾、王两氏黜明存宋,而顾尊考证,王好名理。"(《清代学术概论》)王夫之对于天理人欲之辨见解独到,认为"天理在人欲之中,无人欲则天理亦无从发现"。此论发宋元以来所未发,后此戴震学说,应即由此衍出。

对于王夫之的学术地位,钱穆先生说之甚确:"明末诸老,其在江南,究心理学者,浙有梨洲,湘有船山,皆卓然为大家。然梨洲贡献在《学案》，而自所创获者并不大。船山则理趣甚深，持论甚卓，不徒近三百年所未有，即列之宋明诸儒，其博大闳括，幽微精警，盖无多让。"（《中国近三百年学术史》）刘继庄对王夫之亦极力推崇，谓："洞庭之南，天地元气，圣贤学脉，仅此一线。"夫之学问如此，岂非大化甘霖，钟于船山而生异彩；岂非九州生气，赖此杰出而得光大深闳乎！所谓"万物招苏天地曙，要凭南岳一声雷"，绝非虚语。

王夫之学问如此超卓，然而，在当时却声光暗晦，不太为世人所知。全祖望氏表章鼎革诸老，不遗余力，而夫之姓名，仅于《刘继庄传》中一见，以其不详夫之学问、行迹故也。至道光、咸丰年间，始有人搜集其遗书，得七十七种，二百五十卷，外此已经散佚与未刻者尚多。对于王夫之学问不昌，声名不显，史亦有说："当是时，海内硕儒，推容城、鳌屋、余姚、昆山。夫之刻苦似二曲，贞晦过夏峰，多闻博学，志节皎然，不愧黄、顾两君子。然诸人肥遯自甘，声望益炳，虽荐辟皆以死拒，而公卿交口，天子动容，其著述易行于世。惟夫之窜身瑶峒，声影不出林莽，遂得完发以殁身。后四十年，其子敔抱遗书上之督学宜兴潘宗洛，因缘得入《四库》，上史馆，立传《儒林》，而其书仍不传。同治二年，曾国荃刻于江南，海内学者始得见其全书焉。"（《清史稿·儒林传》）王夫之僻处深山，无所师承，成就辉煌，而几于湮灭，令人曷胜叹惋！

王夫之学术深湛，平人难窥堂奥。这里只列举给我们印象最深的道器、体用之辨和论性的观点，以见其学之一斑。

对于道器之辨,王夫之认为,"天下惟器而已矣","无其器则无其道","尽器则道在其中","道者器之道","终无有虚悬孤致之道","据器而道存,离器而道毁"(《周易外传》),否定理在事先,道本器末的观点。

对于体用之辨,王夫之认为:"天下之用,皆其有者也。吾从其用而知其体之有,岂待疑哉!用有以为功效,体有以为性情。体用胥有而相需以实。……故善言道者,由用以得体。不善言道者,妄立一体而消用以从之。……故执孙子而问其祖考,则本支不乱。过宗庙墟墓,而孙子之名氏其有能亿中之者哉?此亦道者之大辨也。"(《周易外传》)

至于王夫之论性,则更具知见,所谓眼光出牛背上:"夫性者,生理也。日生则日成也。则夫天命者,岂但初生之顷命之哉!……夫天之生物,其化不息。初生之顷,非无所命也。何从知其有所命?无所命,则仁义礼智无其根也。幼而少,少而壮,壮而老,亦非无所命也。何以知其有所命?不更有所命,则年逝而性亦日忘。……形日以养,气日以滋,理日以成。方生而受之,一日生而一日受之。……故天日命于人,而人日受命于天。故曰:性者生也,日生而日成之也。"(《习性诸论》)

颜元赞第五一

初学神仙，终开颜李。弃坐读与空谈，明欲念与气理。日用习行，不离道义之纲；饮食男女，最合性情之旨。正谊谋利，举耒耜则望稻粱；明道计功，荷网钩则期鲂鲤。高论三复，以古义而发新声；下视八股，将腾蛟而置死水。

颜元(1635—1704)，字易直，改字浑然，号习斋。直隶博野人。清初唯物主义哲学家，颜李学派的创始人。

梁启超《清代学术概论》说："顾、黄、王、颜，同一王学之反动也，而其反动所趋之方向各不同。……若颜氏者，则明目张胆以排程、朱、陆、王，而亦菲薄传注考证之学，故所谓'宋学'、'汉学'者，两皆吐弃，在诸儒中尤为挺拔，而其学卒不显于清世。"

颜元初名朱邦良。父本为朱翁义子，颜元生四岁，清兵入关，其父随军去，母亦改嫁。颜元经历艰难。八岁就学，刻苦努力，异于常人。年十九，为诸生，学神仙导引术。既而知其妄，折节向学。初学程朱，信而不疑。居朱媪丧，恪守《朱子家礼》，病几殆。后持之校以古礼，非是。盖古礼"初丧，朝一溢米，夕一溢米，食之无算"，至《家礼》则删去"无算"，颜元遵行《家礼》，过朝夕不敢食，当朝夕遇哀至又不能食，故至病殆。乃悟所谓静坐读书乃程、朱、陆、王浸淫禅学俗学所致，非正务。而周公之六德（知、仁、圣、义、忠、和）、六行（孝、友、睦、姻、任、恤）、六艺（礼、乐、射、御、书、数）与孔子之四教（文、行、忠、信），主张做事，主张为做事而读书，方为正学。于是著《存学》、《存性》、《存治》、《存人》四编以立教，终开颜李学派。

颜元志气强固，行事彻底，与他早岁生活穷困有关。其学说之最大特色即是由习行以达致用。他坚决反对程朱理学与陆王心学提倡的静坐诵读、不务实际、空谈性命，强调实学、实习、实行、实用。他认为，读书病天下、祸生民，使人体魄脆弱、神智耗损，而所得知识又不足恃，徒成章句浮文之局，甚且如吞砒霜。

静坐使人病弱，使人厌事。读书静坐是"率古今之文字，食天下之神智"。尝谓"人之岁月精神有限，诵说中度一日，便习行中错一日，纸墨上多一分，便身世上少一分"（《清儒学案·习斋学案》）。"（朱子）又叹近日学者'高入佛、老，卑入管、商'。愚以当时设有真佛、老，必更叹朱子之讲读训解为耗神粗迹；有真管、商，必更叹朱子之静坐主敬为寂守无用"（《存学编》卷三）。他认为，只有以实用为旨归，才可能将死学转为活学："仆妄谓性命之理不可讲也，虽讲，人亦不能听也，虽听，人亦不能醒也，虽醒，人亦不能行也。所可得而共讲之，共醒之，共行之者，性命之作用，如《诗》、《书》、六艺而已。即《诗》、《书》、六艺，亦非徒列坐讲听，要惟一讲即教习，习至难处来问，方再与讲。讲之功有限，习之功无已。孔子惟与其弟子今日习礼，明日习射，间有可与言性命者，亦因其自悟已深，方与言。盖性命，非可言传也。不特不讲而已也；虽有问，如子路问鬼神、生死，南宫适问禹、稷、羿、奡者，皆不与答。盖能理会者，渠自理会，不能者，虽讲亦无益。"（《存学编》卷一）

颜元的理论基础是理在气中，气理统一。气是第一性的，理是第二性的，气即理之气，理即气之理。且此理只能在事物之中，不能在事物之上。与此一致，他赞同"道不外饮食男女"的命题，认为"行其日用饮食，即道之所在"。他还认为男女之情是人的"真情至性"。

在义利的问题上，颜元强调义利统一。针对董仲舒的"正其谊不谋其利，明其道不计其功"，他指出："世有耕种而不谋收获者乎？世有荷网持钩而不计得鱼者乎？……这'不谋'、'不计'

两字，便是老无、释空之根。"（《颜习斋先生言行录》卷下）他认为，人的活动的根本特征就是谋利计功，道德只存在于人的实事实功之中，且只有通过实事实功才能表现出来。"吾愿求道者，尽性而已矣，尽性者实征之吾身而已矣，征身者动与万物共见而已矣。吾身之百体，吾性之作用也，一体不灵则一用不具。天下之万物，吾性之措施也，一物不称其情则措施有累。身世打成一片，一滚做功，近自几席，远达民物，下自邻比，上暨庙廊，粗自洒扫，精通燮理，至于尽伦定制，阴阳和，位育彻，吾性之真全矣。以视佛氏空中之洞照，仙家五气之朝元，腐草之萤耳，何足道哉！"（《存人编》卷一）他还倡言，为人要有大志，要"千万人中不见有己，千万人中不忘有己"，要为转世之人，不要为世转之人。

颜元有自己的政治主张，即我们称为"三复"的复井田、复封建和复学校。复井田，意在以井田的形式实行均田，"天地间田，宜天地间人共享之"，抑制土地兼并，缓和社会矛盾；复封建，意在反对人主之私天下；复学校，意在反对当时科举制与八股文。"三复"都是一种复古，而内容上都有新意，所谓以复古为革新也。

钱穆先生说颜元："以言夫近三百年学术思想之大师，习斋要为巨擘矣。岂仅于三百年！上之为宋、元、明，其言心性义理，习斋既一壁推倒；下之为有清一代，其言训诂考据，习斋亦一壁推倒。'开二千年不能开之口，下二千年不敢下之笔'，遥遥斯世，'前不见古人，后不见来者，念天地之悠悠，独怆然而涕下'，可以为习斋咏矣。"（《中国近三百年学术史》）

李塨赞第五二

光地虚左，季野称扬。都民见则非义，名士会则有方。学施庶物，在人犹乎在己；治以严科，抑争犹乎抑强。乡俗丕变，崇庠校而旌孝弟；百废俱兴，修水利而劝农桑。理在气中，天人物同其一致；行居知后，神思意发其殊光。

李塨（1659—1733），字刚主，号恕谷。直隶蠡县人。清初思想家，颜李学派的代表人物。

李塨以父命，师事颜元，尽传其学。然与其师有颇多不同处。颜足不出户，不轻交一人；塨则往来京师，广交天下贤士。颜律己待人，一体严峻；塨则待人亲和，广济天下。颜取与不苟，主张非其力不食；塨则主张通功易事，随所而安。颜排斥读书；塨则以六艺诸事非考证不能明，认为书本学问亦不可废。尽管有此诸多不同，然学术之根本则同。而颜李学派，创自颜元，赖李塨得以完成，此亦学术史上的一段佳话。

李塨学术声名大，世人趋之问学。李光地为直隶巡抚，闻其名，欲延致，命门人道意曰："李公虚左以待，先生宁不往见？"塨答曰："都民也，往见非义。"竟不往。时三藩平定，四方名士，如万季野、阎百诗、胡朏明、方灵皋辈，竞会都门，无不乐与塨交往。万季野素负盛名，每开讲习，列座皆满。一日，众方请方氏讲郊社之礼，方氏乃推尊李塨为圣学正传，请为之讲习。自此慕从者益众。

颜李学派注重习行。桐乡令郭金汤聘李塨相助，举邑以听，一年后，政教大行。陕西富平县令杨勤礼聘李塨，李以"学施于民物，在人犹在己也"应之，并为之筹曰："富邑，乱国也，治须严，然严不伤宽乃得。"于是教之以禁争斗，断赌博，勤听讼，减催科，抑强扶弱。行之，民俗遂大改观。复教以旌孝悌，崇学校，劝农桑，兴水利诸项，百废俱兴。这些都是颜李以学问入力行的功效。

李塨在学术观点上继承并发挥了颜元的"理在气中"、"理气不二"的理论。他说："朱子云：'洒扫应对之事，其然也，形而下者也。洒扫应对之理，所以然也，形而上者也。'夫事有条理曰理，即在事中。今曰理在事上，则理别为一物矣。天事曰天理，人事曰人理，物事曰物理。诗曰：'有物有则。'离事何所谓理乎？"（《论语传注问》）

在认识论上，颜、李都强调因行得知，不能离行言知。但颜元最强调的是习行，认为在儒家"格物致知"的传统命题中，"格"就是"行"，就是"犯乎实做其事"。人的认识是行先知后，"手格其物，而后知至"。而李塨则认为，只强调读书或只强调力行，都不行："不以读书为学，则返之而以力行为学矣，皆与圣经不合。"（《大学辨业》卷三）他认为，知先于行。"格物致知，学也，知也。诚意、正心、修身、齐家、治国、平天下，行也"（《大学辨业》卷三）。又说："致知在格物者，从来圣贤之道，行先以知，而知在于学。"（《大学辨业》卷二）应该说，这是对颜元理论的必要补充。

李塨在批评空谈心性、不务实际的学风时，文辞活泼生动，饶有趣味，且切中弊端，淋漓痛快。兹引两段于此，以供欣赏：

"读书久则喜静恶烦，而心则板滞迂腐。故予人以口实，曰'白面书生'，曰'书生无用'，曰'林间咳嗽病猕猴'，世人犹谓读书可以养身心，误哉！颜先生所谓'读书人率皆如妇人女子，以识则户牖窥人，以力则不能胜一匹雏'也。"（《恕谷后集》卷十二）

"后世行与学离，学与政离。宋后二氏学兴，儒者浸淫其说，静坐内视，论性谈天，与孔子之言一一乖反。至于扶危定倾，大经大法，则拱手张目，授其柄于武人俗士。当明季世，朝庙无一可倚之人，坐大司马堂批点《左传》，敌兵临城，赋诗进讲，觉建功立名，俱是琐屑，日夜喘息著书，曰：'此传世业也。'卒至天下鱼烂河决，生民涂炭。呜呼！谁生厉阶哉！"（《恕谷文集·与方灵皋书》）

李塨曾言："纸上之阅历多，则世事之阅历少；笔墨之精神多，则经济之精神少。宋明之亡，此物此志也。"（《恕谷先生年谱》）而他开广学派宣传，光大学派声光，事必躬亲，也确实不容易。《年谱》言其；"思家务上事下畜益繁，学问此思彼辨益多，交游应酬益广，天下万世之虑益奢，一日忙如扑火，视习斋当日所处又不同。"此诚可谓务实务虚，虚实兼至也。

李塨是颜元学术的宣传者，他使颜元的学术更广泛地见闻于当时之朝野。后来，他的学术道路与颜元有了一些区别。这主要在康熙四十一年（1702）李塨南游之后，其著作如"宗庙"、"郊社"、"田赋"的考辨，《论语》、《周易》的传注，就和颜元的学说有了距离，走上了考据的路子。他的这些述作，在学问范围上，确有对于颜元学说的补充，但在研究方法和知识论上，则已经脱离了颜氏的实证精神，成了颜元说过的"书生之见"，其精神有点近于汉儒了。对此，颜元是有感觉的。在李塨南游归里后，颜元对他说："吾素可子沉静淡默，而此见微有浮骄之气，宜细勘改之。"（《恕谷先生年谱》）有人认为，颜元寄给钱煌的信，实际上暗中也批评了李塨："离此（经济）一路，幼而读书，长而解书，老而著书，莫道诡伪，即另著一种'四书'、'五经'，一字不差，终书生也，非儒也。幼而读文，长而学文，老而刻文，莫道帖括词技，虽左屈班马、唐宋八家，终文人也，非儒也。……但得此义一明，则三事三物之学可复，而诸为儒祸者自熄。故仆谓古来'诗'、'书'，不过习行经济之谱，但得其路径，真伪可无问也，即伪亦无妨也。今与之辨书册之真伪，著述之当否，即使皆真而当，是彼为有弊之程朱，而我为无弊之程朱耳，不几揭衣而笑裸，抱薪而救火乎？"（《习斋记余》卷三）

戴震赞第五三

曾疑朱子，自绘小戎。忘面屑之不继，喜经术之亨通。为学日进，精义猛于虎兕；所遇终蹇，浩歌响若黄钟。气惟一原，生百物而为其本；道即阴阳，同五行而奏其功。大化流行，体民情而遂民欲；心知精进，燃大炬而唱大风。

戴震（1724—1777），字东原，一字慎修，又字杲溪。安徽休宁人。清代唯物主义思想家。

段玉裁《戴东原先生年谱》谓：先生是年（十岁）乃能言，盖聪明蕴蓄者久矣。就傅读书，过目成诵，日数千言不肯休。授《大学章句》，至"右经一章"以下，问塾师："此何以知为孔子之言而曾子述之？又何以知为曾子之意而门人记之？"师应之曰："此朱文公所说。"即问："朱文公何时人？"曰："宋朝人。""孔子、曾子何时人？"曰："周朝人。""周朝、宋朝相去几何时矣？"曰："几二千年矣。""然则朱文公何以知然？"师无以应，曰："此非常儿也。"

戴震读书，好深湛之思，必精益求精。读《诗经》至《秦风·小戎》，乃自绘《小戎图》，详核精准。于师所授字义训解，意每不能释然。性强记，塾师授以《说文》，三年尽得其节目。于《十三经注》能举其辞而无遗。曾语其弟子段玉裁曰："余于疏不尽记，经注则无不能背诵也。"

戴震性情耿介，家屡空，而学日进。学日进，而遇日益穷。年二十八，补休宁县诸生。次年，大旱，家乏食，乃与面铺约，日取面屑食之。在此困境中，闭门苦学，成《屈原赋注》。三十二岁，避仇入都，行李衣服皆无，寄寓于歙县会馆，水米不继，而长歌作金石声。此即赞文所谓"为学日进，精义猛于虎兕；所遇终塞，浩歌响若黄钟"。后见钱大昕，与谈竟日，钱氏许其为"天下奇才"，为其延声誉。于是学术声名遍于天下。

戴震是考证学之大家，也是唯物主义哲学家。他主要通过训诂考据探讨古书义理，阐发思想观念。然其博大彻底之精神亦时有出于考证之外处。他不满于宋人以一己之胸臆解经义，以"唯求实事，不主一家"之科学态度解读古书，成就卓然不群。

戴震持气本原论。他认为，宇宙的本原是物质的气，气就是阴阳五行，就是道："《易》曰：'一阴一阳之谓道。'《洪范》：'五行：一曰水，二曰火，三曰木，四曰金，五曰土。'行亦道之通称。……阴阳五行，道之实体也。"（《孟子字义疏证》）"道，指其实体实事之名"，"天地间，百物生生，无非推本阴阳"（《孟子字义疏证》）。

戴震认为，物质世界是运动变化的："天地之气化流行不已，生生不息"，"生生者，化之原；生生而条理者，化之流"（《清儒学案·东原学案》）。这就是我们赞文所说的"大化流行"。

在认识论上，戴震认为"人之血气心知，原于天地之化"，"有血气则有心知，有心知则学以进于神明"（《孟子字义疏证》），"耳目鼻口之官接于物，而心通其则"（《原善》）。"其曰'致知在格物'，何也？事物来乎前，虽以圣人当之，不审察，无以尽其实也"（《原善》）。"事物之理，必就事物剖析至微而后理得"（《孟子字义疏证》）。

在伦理思想上，戴震以血气心知自然人性论，批判宋明理学存理灭欲的观点，认为"有欲、有情、有知"是人的本性，否认人的情欲，就否定了人之为人。他认为，"欲"和"私"有着严格区别，"私"是"欲之失"，不能"因私而咎欲"。他认为，"理存乎欲"，提出要"体民之情，遂民之欲"，坚决反对"以理杀人"，沉痛愤激之情,溢于言表:"《记》曰:'饮食男女,人之大欲存焉。'圣人治天下,体民之情,遂民之欲,而王道备。人知老、庄、释氏,异于圣人,闻其无欲之说,犹未之信也。于宋儒则以为同于圣人。理欲之分,人人能言之。故今之治人者,视古圣贤,体民之情,遂民之欲,多出于鄙细隐曲,不措诸意,不足为怪。而及其责以理也,不难举旷世之高节,著于义而罪之。尊者以理责卑,长者以理责幼,贵者以理责贱,虽失谓之顺。卑者、幼者、贱者,以理争之,虽得谓之逆。于是下之人不能以天下之同情、天下所同欲达之于上。上以理责其下,而在下之罪,人人不胜指数。人死于法,犹有怜之者,死于理,其谁怜之!呜呼!杂乎老、释之言以为言,其祸甚于申、韩如是也。六经孔孟之书,岂尝以理为如有物焉,外乎人之性之发为情欲者,而强制之也哉?"(《孟子字义疏证》)至于如何使民情可遂,民欲可达,如何使知、情、意保其理想状态,戴氏亦有说:"夫遏欲之害,甚于防川,绝情去智,充塞仁义。人之饮食也,养其血气,而其问学也,养其心知,是以自得为贵。血气得其养,虽弱必强,心知得其养,虽愚必明,是以扩充为贵。君子独居思仁,公言思义,动止应礼,竭其所能谓之忠,明其所履谓之信,施其所平谓之恕,驯而致之谓之仁且智。仁且智者,不私不蔽者也。君子之未应事也,敬而不肆以虞其疏;事至而动,正而不邪以虞其伪;必敬必正,以致中和,以虞其偏且谬。戒疏在乎恐惧,去伪在乎慎独,致中和在乎达礼。精义至仁,尽天下之人伦,同然归之于善,可谓至善矣。若夫以理为学,以道为统,以心为宗者,探之茫茫,索之冥冥也,曷若反求之六经耶!"(《戴震文

集·附录》)

胡适说："中国的近世哲学可分为两个时期：一、理学时期——西历1050至1600年。二、反理学时期——1600年至今日。……五百多年的理学，到后来只落得一边是支离破碎的迂儒，一边是模糊空虚的玄谈。到了17世纪的初年，理学的流弊更明显了。五百年的谈玄说理，不能挽救政治的腐败，盗贼的横行，外族的侵略。于是有反理学的运动起来。反理学的运动有两个方面：一、打倒（破坏）。打倒太极图等等迷信的理学——黄宗炎、毛奇龄等。打倒谈心说性等等玄谈——费密、颜元等。打倒一切武断的，不近人情的人生观——颜元、戴震、袁枚等。二、建设。建设求知识学问的方法——顾炎武、戴震、崔述等。建设新哲学——颜元、戴震等。""清朝的二百七十年中，只有学问，而没有哲学；只有学者，而没有哲学家。其间只有颜李和戴震可算是有建设新哲学的野心。……戴震的哲学，从历史上看来，可说是宋明理学的根本革命，也可以说是新理学的建设——哲学的中兴。……然而戴震的门下，传经学的有人，传音韵学的有人，传古制度学的有人；只是传他的哲学的，竟没有人""一百三十年的朴学的风气，养成了'襞绩补苴'的学风，学者只能吃桑叶而不能吐丝；有时吐丝，也只能作茧而不能织成锦绣文章。全个智识阶级都像剥夺了'哲学化'的能力，戴上了近视眼镜，不但不敢组织系统的哲学，并且不认得系统的哲学了"（《中国哲学史》）。

后 记

去岁国庆长假，吾与何奇兄相约入黄柏山游览。借寓花潭客舍。是地高路崇峰，三省连延，流云浮羽，八面环合。客舍俯瞰平湖，背倚竹林，左邻李贽书院，右届法眼禅寺。居留之际，乐自然，得清静，瞻观翰墨，听闻钟鼓，颇多感触。

一日饮茶之次，言及中外古今高贤大哲，每得风物山川之助，其冥思玄想，渐明顿悟，多有与春风秋水晦明阴晴甚或奔山立海疾电惊霆相关者。书院主人黄兄时亦在座，乃言旧曾有为吾华古代思想家作赞之想。并建议何不由福田撰文，何奇先生书写，当即做起，以成此事？其时吾与何奇兄谈兴正浓，未遑考虑事之难易，遽然允诺。及至假满出山，各务其素业，撰文书写事，虽时有忆及，总在断续隐约间也。

今春政协会议，因讨论提案，往还数四，乃重提此事。

议定先由福田撰写数则赞语，何奇兄书之，以观效果，以定然否。5月1日，福田以所成数则付与何奇兄，兄从而书之。书罢相与展观，觉效果佳好。于是五六月间，公余暇日，皆以从事此事。至七月撰成书就。

是赞起于孔子，迄于戴震，凡五十三家。其中用四言赞体者十一则，仿庾信《七夕赋》体义分三段、韵亦转三者十五则，以五言偈语加七言断语者二十一则，改易苏轼《快哉此风赋》体以合字数者六则。《文心雕龙·颂赞篇》虽云赞体"结言于四字之句，盘桓乎数韵之辞，约举以尽情，昭灼以送文"，然后世赞文，骈散间出，多生别体，绝非一律，此亦时代与文章之发展所致。故福田所撰赞文，正在规矩中也。至于何奇兄之书写，则更殚精竭虑，不敢稍忽，既尊重传统，又探索创新，既兼用多体，又力求合于人物风标与赞文主意。故吾二人此番创作，虽未敢妄称全备完美，然亦自觉为学日进，创获颇丰。事峻之日，相与握手之时，只是互道辛苦，皆称已尽全力。此真实情形，绝非虚语也。

今年10月，《何奇所书郑福田著〈中国古代思想家赞〉》印行，社会反响甚好。然何奇兄精益求精，认为赞文为体制所限，文字简而向古，恐读者有不易理解处，乃复命福田为诸赞作说解，以扫除文字义理之障，从而广其流传，发挥其应有价值。福田应命为之，历时三月，成赞文说解五十三篇。其间疏通文字，陈说义理，学养之绵薄，略尽于斯文。说解以述为名，盖以撰作之主旨在于弘扬传播，大多阐述前贤今哲成说，所谓"信而好古"，殊乏本人创获故也。读者其谅之。

郑福田

2015年12月22日

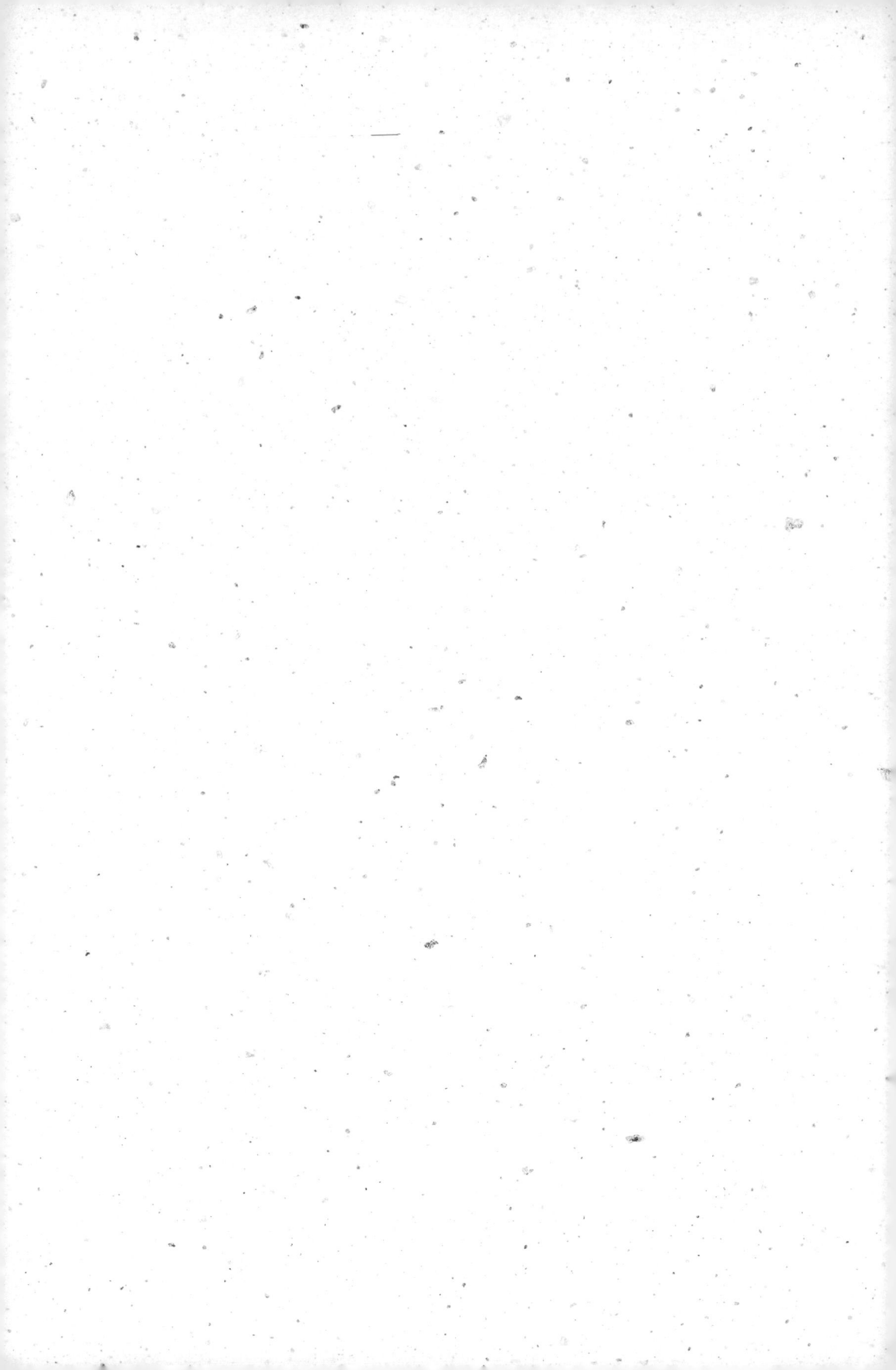